Gudrun Pausewang
So war es, als ich klein war
Erinnerungen an meine Kindheit

Inhalt

Vorwort 7

Himmlischer Sonntagmorgen 9

Die Schule fängt an! 14

Mein Schulweg 20

Viel Aufregung um zwei Zöpfe 30

Seltsames Ziegenfutter 37

Zum ersten Mal beim Zahnarzt 43

Vom Kranksein 51

Stromausfall bei Eis und Schnee 55

Einkaufen im Dorf 61

Ein Schatz aus Scherben 67

An der frischen Luft 75

Mein Zauberwald 81

Wie wir Straßenkehrer wurden 87

Das Ringelspiel ist da! 93

Großvaters Weihnachtskrippe 100

So feierten wir Weihnachten 108

Gott an der Zimmerdecke 118

Vorwort

Liebe Leserinnen und Leser,

wer mich kennt, der weiß, dass ich große Freude daran habe, mir Geschichten auszudenken. Die Geschichten, die ihr in diesem Buch lesen könnt, habe ich mir jedoch nicht ausgedacht: Ich habe sie selbst erlebt. Denn in diesem Buch erzähle ich euch von meiner Kindheit.

Ich wurde 1928 in Ostböhmen geboren. Ostböhmen gehörte damals zur Tschechoslowakei. Meine Eltern hatten nicht viel Geld, aber ihr werdet sehen, dass meine fünf Geschwister und ich bis zu unserer Flucht nach dem Zweiten Weltkrieg trotzdem eine schöne Kindheit hatten.

Wir mussten natürlich viel im Haushalt und im Garten helfen, aber wir hatten auch genug Zeit zum Spielen. Geschichten habe ich mir schon damals gerne ausgedacht – in meinem Zauberwald auf der Rosinkawiese.

Es grüßt euch ganz herzlich

Himmlischer Sonntagmorgen

Jeder Morgen auf der Rosinkawiese war schön, sofern wir vor dem Weckruf unserer Mutter aufwachten: »Aufstehen, Kinder!«

Besonders im Sommer. Wir hörten, dass der Vater schon früher aufgestanden war, denn seine Sense mähte das hohe Gras: Hasch – hasch – hasch. So klang nur *sein* Sensenblatt, wenn es das Gras schnitt. Mutter und ich würden es wenden müssen. Aber diese Pflicht lag ja noch weit von uns entfernt, in der Zukunft: erst morgen!

Ja, der Vater war draußen, irgendwo vor dem Haus. In kurzen Hosen und einer blauen Bluse.

Auch im Winter weckte uns der Vater. Aber nicht mit dem Geräusch der Sense, sondern mit dem der Schneeschaufel. Im zeitigen Frühjahr weckte uns nicht der Vater, sondern das Froschgequake vom Teich. Da gab es Jahr für Jahr den alten Frosch, den mit der Bassstimme. Es schien, als respektierten ihn alle anderen im Frosch-Chor. Denn wenn er quakte, waren die anderen meistens still. Aber wenn er schwieg, traute sich die Schar der Tenöre zu quaken. Manchmal hörte man auch Alt-Stimmen. Nur einen Sopran gab es wohl nicht.

Im Spätsommer war auch der junge Förster zu hören. Oft lauerte er in aller Frühe am Teichdamm auf Bisamratten. Dann knallte es manchmal. An anderen Tagen, wenn er *nicht* da war, plätscherte morgens oft das Wasser. Dann schwammen Bisamratten durch den Teich. Aber das Geplätscher hörten wir nur, wenn das Fenster offen war.

Wie schön der Sonntagmorgen war! Am Samstagabend hatten wir gebadet. Der Samstag war immer der Badetag – außer, wenn wir auch im großen Teich draußen badeten, also im Hochsommer. Wie sauber wir uns fühlten!

Jetzt öffnete sich die Zimmertür: »Aufstehen, Kinder!« Das war die Mutter, meistens mit dem jeweils Jüngsten auf dem Arm.

Mutters Weckruf war eine Vorwarnung. Noch hatten wir ein paar Minuten Zeit. Denn sie musste erst den großen Kleiderschrank öffnen und für jeden von uns die frisch gewaschene Wäsche für die kommende Woche heraussuchen. Anfangs schliefen nur wir drei Geschwister in dem Zimmer. Ein paar Jahre später waren wir zu viert. Schließlich zu fünft. Aber da war der Vater schon im Krieg. Weil nun das Bett neben der Mutter leer war, schlief immer das jeweils jüngste Kind darin. Ich glaube, das wollte sie so, damit sie nicht so allein war.

Wenig später lag auf jedem Bett ein sauber aufgestapeltes Häufchen Wäsche. Und für uns drei Großen zusätzlich – fein ausgebreitet – ein Sommerkleid.

Was für eine Freude doch ein frisch gewaschenes, gebügeltes Sommerkleid war!

Wir sprangen aus den Betten und zogen uns an. Natürlich waren die Kleider nicht neu. Meines und das meiner nächstjüngeren Schwester hatte schon unsere Cousine Helga getragen. Sie war drei Jahre älter als ich. Als ihr die Kleider zu eng und zu kurz geworden waren, hatte ihre Mutter, die Tante Dorle, sie uns geschickt. Und wir wussten genau: Nach uns würde sie die dritte Schwester anziehen, die jetzt noch dabei war, sich ein viel getragenes kleineres Kleid über den Kopf zu streifen. Und würden diese drei Kleider mal zerschlissen sein, würden sie immer noch nicht weggeworfen werden, sondern als Putzlappen dienen. Manchmal wurden sie auch in Streifen geschnitten, um daraus Fleckelteppiche herzustellen.

Unser Bruder aber, der nach uns drei Mädchen geboren worden war, bekam von der Mutter eine handgestrickte, handgestopfte hellgrüne Hose angezogen. Das ging langsam, denn er war ja fast noch ein Baby. Aber diese hellgrüne Baumwollhose war auch etwas ganz Besonderes, das man sorgsam behandeln musste. Denn die Wolle war neu! Und die Hose hatte die Saarbrücker Großmutter gestrickt!

Nach dem Anziehen kämmte uns die Mutter:

eine nach der anderen. Zum Schluss zog sie den Kamm noch ein paar Mal durch das Haar unseres Bruders.

Husch – die Treppe hinunter in die Wohnküche! Der Vater saß schon am Tisch und wartete.

»Guten Morgen, Vater!«

»Guten Morgen, Kinder!«

Während die Mutter mit ein paar Handgriffen den Frühstückstisch deckte, putzten wir uns noch schnell die Zähne über der Spüle. Dann rutschte jeder auf seinen Platz. Alle warteten, bis der Vater »Guten Appetit!« wünschte.

»Danke, gleichfalls!«, riefen wir und griffen zu. Denn zu einem himmlischen Sonntagmorgen gehörte auch ein großer Hunger.

Und, oh Wunder – wir wurden alle satt!

Die Schule fängt an!

Ich kam in Wichstadtl, in Ostböhmen, zur Welt und erlebte dort auch meinen ersten Schultag. Das neue Schuljahr begann im Spätsommer – genau wie heute. Es war das Jahr 1934.

Meine Eltern waren arm. Deshalb liefen wir Kinder den ganzen Sommer über barfuß. Schon am frühen Morgen des ersten Schulgangs empfand ich das Besondere dieses Tages: Ich durfte Schuhe anziehen! Und die Mutter flocht in meine Zöpfe rote Schleifen ein. Ich fieberte vor Ungeduld. Als ich dann – steif vor Wichtigkeit – bereit zum Aufbruch war, trug ich auf dem Rücken das Geschenk meines Großvaters: einen nagelneuen Schulranzen. Auf seinem Deckel prangte ein röhrender Hirsch, dem weißer Dampf aus dem Maul stieg. Im Ranzen klapperte ein Federkasten mit Inhalt.

Ich kam mir atemberaubend sonntäglich vor.

Mutter begleitete mich bis zur Haustür und wünschte mir einen guten Anfang in der Schule. Nun ging ich an Vaters Hand durch die Wiesen und Felder bis zum Dorf.

»Was – so groß bist du schon?«, rief mir eine Frau aus dem Dorf zu, der wir begegneten.

Ich nickte stolz.

»Du kommst schon in die Schule?«, staunte der Bauer Pietsch hinter seinem Pferdewagen.

Am liebsten hätte ich gerufen: »Ja, ich bin ab heute ein ernst zu nehmender Mensch, kein Eia-Popeia-Kind mehr!« Aber damals musste sich ein Kind ja sittsam und bescheiden benehmen.

Kurz bevor wir das Schulgebäude erreichten, erhielt mein Wonnegefühl allerdings einen empfindlichen Dämpfer, denn ich achtete in meiner Aufregung nicht auf den frischen Kuhfladen neben Höppes Kuhstall. Platsch! Schon war ich mitten hineingetreten. Mein Vater verbrauchte ganze Büschel von Gras, bis er mich davon überzeugen konnte, dass mein Schuh jetzt wieder sauber war.

Umringt von anderen Erstklässlern und Schülern der höheren Klassen, standen wir schließlich vor der kleinen Schule, die mir damals riesig erschien. Dabei gab es in der ganzen Schule nur zwei Klassenräume! Ich gab dem dicken, schnauzbärtigen Oberlehrer die Hand und knickste artig.

Mein Vater strich mir über den Kopf und verabschiedete sich: »Also ich geh jetzt. Den Heimweg findest du ja allein.« Und weg war er.

Durch das halbdunkle Treppenhaus lief ich mit der Kinderschar hinauf in den ersten Stock, hinein in den weiten, hellen Saal mit dem Bild des Präsidenten Masaryk über der Tafel. Die gewaltige Stimme und die strengen Gesten des Herrn Oberlehrer wiesen uns Plätze an und schufen Ordnung. Sein Platz war auf dem Podium hinter dem großen Lehrertisch.

Allmählich wagte ich es, mich umzusehen. Da saßen wir auf Dreierbänken vor ihm aufgereiht: Vorn wir Kleinen, die wir noch nichts wussten und nichts galten. Dahinter die vom zweiten Schuljahr, die uns herablassend begafften. Und ganz hinten in den letzten Bankreihen ragten die Drittklässler auf, die bereits unglaublich gelehrt sein mussten. Jedenfalls schienen sie uns Erstklässler gar nicht wahrzunehmen. Sie schauten über uns hinweg.

Wir beteten im Chor das *Vaterunser* und das *Gegrüßetseistdumaria*. Wie ich so mit gesenktem Kopf stand, fiel mein Blick auf den Schuh, mit dem ich in den Kuhfladen getreten war. Da hatte ich plötzlich wieder den Gestank in der Nase. Den roch bestimmt auch der Herr Oberlehrer – wie peinlich!

Ich musste an meine Mutter denken, sehnte mich nach ihr und fühlte mich sehr allein. Ich war so weit weg von ihr! Die Tränen stiegen mir in die Augen.

Aber schon war das Gebet zu Ende.

»Setzen!«, dröhnte die Stimme des Herrn Oberlehrer.

Er gab den Kindern des zweiten und dritten Schuljahres schriftliche Arbeit und wandte sich dann uns zu, den Neuen. Er fragte uns, wer von uns ein Lied singen oder ein Gedicht aufsagen könne.

Nun fühlte ich mich wieder sicher, denn ich konnte viele Lieder singen. Daheim sangen wir den ganzen Tag bei der Arbeit. Die Wichstädter taten das nicht. Aber meine Mutter war ja Saarbrückerin und sie war Mitglied des Wandervogels gewesen, einer Bewegung, der hauptsächlich Schüler und Studenten angehörten und in der viel gewandert und gesungen wurde.

Ich meldete mich also und wurde auf das Podium gewinkt. Dort fühlte ich mich wie auf einer Bühne. Mit Herzklopfen sang ich mein Lieblingslied:

»*Als wir nach Frankreich zogen,*
da waren unser drei:
ein Schütze und ein Jäger
und ich, der Fahnenträger
der schweren Reiterei.«

Ich sang alle sieben Strophen, und meine Mitschüler lauschten verblüfft. Sogar die Drittklässler hörten zu!

Der Herr Oberlehrer schnäuzte sich laut und lobte mich.

Damit verblasst meine Erinnerung an den ersten Schultag. Nur eins weiß ich noch ganz genau: Ab dem zweiten Schultag ging ich gern zur Schule.

Mein Schulweg

Zwischen unserer einsamen Rosinkawiese und der Dorfschule lagen knapp zwei Kilometer. Meine Mutter schickte mich morgens so spät zur Schule, dass ich mir keine langen Umwege oder Rastpausen erlauben konnte. Mit meinem schönen Lederranzen auf dem Rücken wanderte ich los.

Wenn mich die Mutter entließ, stand die Sonne während des Sommerhalbjahres, sofern es schönes Wetter war und man sie sehen konnte, irgendwo über dem Muttergottesberg. Lerchen trillerten über den Feldern, im Frühling dufteten die frisch gepflügten Äcker. Manchmal stank es aber auch nach Jauche. Später im Sommer, nach dem Mähen, rochen die Wiesen nach Heu.

Ich zockelte an unserer Pappelreihe entlang und kam dann an Bauer Umlaufs Feldscheune vorbei, in der ich nachmittags oft mit meinen Geschwistern zwischen Leiterwagen und Ackergeräten spielte. Neben der Scheune lag »mein« Feld. Es gehörte eigentlich unserem Feldnachbarn Umlauf. Aber der konnte die Ecke mit seinem Pflug nicht ganz genau umpflügen. Weil sie unbearbeitet blieb, erlaubte ich mir, sie mit Leinsamen zu besäen. Und nun beobachtete ich Schultag für Schultag, ob sich auf meinem Feld irgendwas veränderte. Und wirklich: Eines Tages sprossen Leinsamenkeime aus dem Acker! Da fühlte ich mich ein bisschen wie der liebe Gott: *Ich* hatte den Leinsamen keimen lassen!

Ich wanderte zwischen Flachs, Roggen-, Hafer- und Kartoffelfeldern und einer Reihe sumpfiger Wiesenstücke auf »unserem« Feldweg bis zur Birkenreihe, die etwa auf der Hälfte meines Schulwegs aus Binsen, Weidenröschen und Wollgras aufragte.

Hinter den Birken, nach einer mächtigen Brombeerhecke, mündete der schmale Weg in einen breiteren, der vom Dorf kam und bis hinauf zum

Grenzwald führte. Der breitere Weg machte eine scharfe Kurve, verwandelte sich in einen Hohlweg und stieß auf die Landstraße Wichstadtl-Lichtenau. Doch noch bevor er sich zwischen die mit Gesträuch überwucherten Böschungen zwängte, verließ ich ihn, um über eine Abkürzung den nördlichen Teil des Dorfes zu erreichen, wo die Schule lag.

Im Winter war dieses Stück das schwierigste des gesamten Weges. Manchmal lag der frisch gefallene Schnee so hoch, dass ich bis zur Hüfte darin versank. Und ich war doch erst sechs Jahre alt! Wenn so hoher Schnee lag, schnallte mir der Vater die Ski an, sodass ich schneller vorankam. War der Schnee vereist, sauste ich manchmal geradezu auf das Dorf zu!

Angst hatte ich nicht, auch wenn es im Winter morgens noch dunkel war. Aber ich war oft den Tränen nah, weil es so bitterkalt war.

In Ostböhmen waren dreißig Grad minus keine Seltenheit. Manchmal weinte ich, weil die Finger oder die Zehen so kalt waren, dass ich sie gar nicht mehr spürte. Wohl steckte ich meistens in dem Skianzug, den mir meine Saarbrücker Großmutter samt Pudelmütze, Schal und Fausthandschuhen gestrickt hatte. Trotzdem fror ich oft sehr. Aber da half nichts: Ich musste ja in die Schule!

Wenn ich über den Schulweg jammerte, sagten meine Eltern nur: »Beiß die Zähne zusammen!«

Oft weinten wir Kleinen, wenn wir in die geheizte Schulklasse kamen und unsere Zehen und Finger höllisch wehtaten, während sie langsam wieder warm wurden!

Aber am schlimmsten war es, wenn ich unterwegs mal musste. Bis ich mich mühevoll ausgepellt hatte, war ich schon halb verschneit. Dann wurde der Po kalt und nass. Deshalb brauchte mich die Mutter morgens nicht zu ermahnen: »Geh vorher noch aufs Klo.« Daran dachte ich selber!

Manchmal, im Sommer, begegnete ich zu so früher Stunde schon dem Kuhgespann des Höppe-Vaters oder dem Schimmel des Pietsch-Vaters. Artig sagte ich mein »'ß Gott!« (Grüß Gott!). Dieser Gruß galt ebenso den Männern wie den

Kühen und dem Schimmel, die ich alle mit Namen kannte.

Dann kam ich am Schulgarten vorbei, trabte zwischen Höppes und Pietschs Gehöften durch, schaute nach der Pietsch Marianne aus, die so alt war wie ich, und freute mich, wenn sie gerade aus dem Haus kam.

Gemeinsam zogen wir weiter. Nun war es nur noch ein Katzensprung: über den Bach, der aus Deutsch-Petersdorf herunterschäumte, auf die Straße, nach ein paar Schritten aber schon wieder zurück über den Bach und hinüber zur Schule, die mitten im Grünen neben Höppes Hof lag.

Um diese Stunde war die Dorfstraße bevölkert: Vom Staadtla (Städtchen) herauf, von Deutsch-Petersdorf herunter nahten Grüppchen von Schulkindern. In Rudeln zogen wir ins Schulgebäude ein.

Im Winter, wenn wir auf Skiern kamen, lehnten wir unsere »Brettln« säuberlich Paar neben Paar an die Außenwand der Schule neben der Eingangstür. Allerdings waren unsere »Schneeschuhe«, wie wir sie nannten, mit den heutigen Skiern kaum zu vergleichen. Sie hatten noch Riemenbindungen, die man nicht aufbekam, weil man klamme Finger hatte oder weil die Riemen steinhart gefroren waren. Dann musste schon der Herr Oberlehrer mithelfen, die Kinderfüße aus den Bindungen zu befreien, vor allem bei den Jüngsten.

Der vertraute Schulgeruch empfing uns. Nun ging es an der Privatwohnung von unserem »Herrn Oberlährer« im Erdgeschoss vorbei, die breite Treppe hinauf, hin zu den Kleiderhaken neben der Klassentür. Mal kam ich verschwitzt, mal vom Regen durchnässt, mal frierend an – aber immer gespannt auf das, was die Schule meinem Lerneifer würde zu bieten haben.

Den Heimweg hatte ich lieber. Da konnte ich mir Zeit lassen. Erst trödelte ich mit den Dorfkindern durch den Ort. Manchmal gab es da etwas Besonderes zu sehen: Jahrmarkt, Ringelspiel oder tschechische Soldaten.

Als sensationell empfanden wir's, wenn ein Flugzeug über den Himmel zog.

»Ein Aeroplan! Ein Aeroplan!«, riefen wir dann und reckten die Hälse.

Eine Weile blieb ich auch vor den Plakaten an Heinschs Scheune stehen und vertiefte mich in Text und Bild. Dann rannte ich mit klapperndem Ranzen an Urner Maries und Klar Annas Häuschen vorüber und schoss ins Haus meiner Großeltern hinein.

Der Großvater, auch ein ehemaliger Oberlehrer, arbeitete im Vorhaus an seiner Hobby-Hobelbank oder war im Bienenhaus zu finden. Die Großmutter lief geschäftig zwischen Wohn- und Waschküche hin und her. Ich war sicher, eine leckere Stärkung für den Heimweg zu bekommen: entweder eine Mohnbuchtel (ein Gebäck aus Mohnteig) oder eine Schnitte mit verkästem Quark, deren Kruste von der Großmutter noch ringsherum eingeschnitten wurde, um das Kauen zu erleichtern und die Zähne zu schonen.

Am liebsten mochte ich den Honig »zum Auskauen«. Den gab's aber nur in der Honigschleuderzeit. Dann standen auf dem Tisch zwei Teller.

Auf dem einen klumpten sich Wabendeckel aus Wachs zusammen, die der Großvater in einem feierlichen Ritual von den honiggefüllten Waben »abgedeckelt« hatte, bevor er den Honig mit der Schleuder herausschleuderte. An diesen Wabendeckeln haftete noch viel Honig. Um ihn nicht wegwerfen zu müssen, kaute man die Wachsklumpen aus und spuckte das ausgekaute Wachs auf den zweiten Teller. Ein Hochgenuss!

War es Herbst, raffte ich unter dem Haferbirnbaum hinter dem Haus noch zusammen, was an reifen Früchten in meinem geschürzten Rock Platz fand, bevor ich weiterlief. Aber bevor ich den kleinen Steilhang zu Gablers Haus hinaufstieg, blieb ich noch eine Weile vor Großvaters Zierteich stehen, presste die Stirn an die Zaunlatten und beobachtete die Schleien, die träge um die Insel zogen.

Vor der Molkerei stieß ich auf die Straße, die von Wichstadtl nach Lichtenau führte: wieder ein Anlass, stehen zu bleiben, zu schnuppern und den Geräuschen der Zentrifugen zu lauschen. Vor der

Rampe standen Pferdewagen. Milchkannen klapperten.

Ein Stück ging ich nun zwischen alten Ahornbäumen auf der Straße weiter. Da hieß es aufpassen. Aber nur selten begegnete mir damals, in den Dreißigerjahren, ein Auto. Die Straße gehörte den Pferdewagen.

Schon bog ich wieder ab und kam in den Hohlweg. In dessen Steilhängen gab es interessante kleine Löcher.

Manchmal setzte ich Schnecken hinein, gab ihnen Namen, inspizierte am nächsten Tag die Löcher und war enttäuscht, dass keine der Schnecken in ihrer schönen Wohnhöhle geblieben war, sondern alle das Weite gesucht hatten.

Kaum war ich aus dem Hohlweg aufgetaucht, kam der Haselnusswald in Sicht, den mein Großvater einmal gepflanzt hatte. Einen Abstecher in das Halbdunkel zwischen dem dichten Gebüsch erlaubte ich mir nur, wenn ich viel Zeit hatte. Dann las ich Nüsse auf. Aber so ganz geheuer war es mir dort nie!

Es gab ja noch so vieles mehr, was mir der Heimweg zu bieten hatte! Vor allem im Herbst. Da blieb ich an der Brombeerhecke stehen und aß, bis sich mein Gesicht langsam lila färbte. Oder ich suchte die Birkenreihe nach Pilzen ab. Rotkappen und Birkenpilze fand ich fast immer. Ich sammelte Isländisches Moos und schaute nach Sonnentau aus. Das ist eine Pflanze, die sich von Fliegen ernährt. Und ich pflückte Wollgras. Fast immer kam ich mit einem Blumenstrauß heim.

Das letzte Wegstück begann ich zu rennen, an Umlaufs Scheune vorbei, an der Pappelreihe entlang, über die großen Steinplatten zum Haus. Da stand auch schon die Mutter und erwartete mich.

»Du kommst aber wieder spät«, seufzte sie. »Wo hast du nur so lange herumgetrödelt?«

Ich wusste nie, was ich darauf antworten sollte. Wo doch die Welt zwischen der Schule und daheim so schön war – und jeden Tag ein bisschen anders!

Viel Aufregung um zwei Zöpfe

Als ich etwa sechs Jahre alt war, sagte meine Mutter eines Tages: »Jetzt ist dein Haar lang genug für Zöpfe.«

Ich war glücklich: Wie lange hatte ich schon auf Zöpfe gewartet! Zöpfe waren damals in Mode. Die meisten Mädchen meines Alters trugen Zöpfe. Locken waren die allerschönste Frisur, doch ich hatte ganz glattes Haar. Zöpfe waren die zweitschönste aller Frisuren!

Die Mutter setzte mich auf einen Stuhl und legte zwei gleich lange rote Bänder, die sie zuvor gebügelt hatte, vor mich auf den Tisch. Dann stellte sie sich hinter mich, mit dem Kamm in der Hand. Bisher hatte ich mein Haar als blonden Bubikopf mit einer großen Schleife auf dem Kopf getragen. Jetzt aber trennte sie es mit einem Scheitel genau in zwei Hälften und teilte die eine Hälfte in drei Teile, jede mit möglichst gleich viel Haar. Dann begann sie zu flechten.

Man kann einen Zopf so flechten, dass er vor dem Ohr oder auf dem Ohr oder weiter hinten am Kopf herunterhängt. Die Mutter flocht ihn so, dass er nicht auf dem Ohr, sondern über dem Ohr hing. Nein, er hing nicht, sondern er stand seitwärts ab. Und damit der Zopf sich nicht wieder auflösen konnte, band sie ihn mit dem roten Band zusammen. Dann hielt sie mir einen Spiegel vor's Gesicht und fragte: »Ist es dir so recht?«

Ich nickte heftig, obwohl ich vor Aufregung nur den großen Küchenschrank im Spiegel sah.

»Also gut«, sagte sie, »dann wird der zweite Zopf so wie der erste.«

Kaum hing mir über jedem Ohr ein Zopf, schob ich den Spiegel hin und her, bis ich beide Zöpfe sehen konnte. Dazwischen strahlte mein rundes, begeistertes Gesicht. Ich rannte zum Vater und zeigte ihm meine neue Frisur. Er tat, was ich von ihm erwartete: Er staunte und fand sie über alle

Maßen schön. Dann wieselte ich zu meiner Schwester, die noch nicht viel älter als ein Baby war. Als ich ihr meine neuen Zöpfe zeigte, wollte sie sofort daran ziehen. Wahrscheinlich erkannte sie mich gar nicht und glaubte, wenn sie am Zopf ziehe, dann klingle es irgendwo.

Ich lief zur Großmutter, die gerade auf Besuch war, danach zu dem Bauern Pietsch, der eben unser Kartoffelfeld pflügte, danach zu einem wildfremden jungen Mann, der an unserem Haus vorbeikam, schließlich zur Mutter, obwohl die doch die Zöpfe schon kannte, weil sie sie selber geflochten hatte. Vor allen drehte ich mich im Kreis und rief, auf die Zöpfe zeigend: »Gefallen sie dir?«

Natürlich gefielen sie allen.

Ab diesem Tag flocht mir die Mutter an jedem Morgen die Zöpfe. Immer über den Ohren. Und immer mit roten Schleifen. Einmal nahm die Mutter auch die blauen Bänder, die mir der Osterhase geschenkt hatte, aber die gefielen mir längst nicht so gut wie die roten.

Zum Osterfest dieses Jahres wollte der Vater Verwandte in Leipzig besuchen. Und weil er nicht gern allein fuhr, die Mutter aber wegen meiner kleineren Geschwister nicht mitfahren konnte, dachte er an mich. Ach ja, auch wegen der Ziegen musste die Mutter zu Hause bleiben, denn die mussten ja gemolken werden.

»Na, du«, fragte er mich, »wie wäre es, wenn *du* mich begleiten würdest? Du, meine Große?«

Ich war begeistert.

Aber die Mutter zögerte. »Du kannst sie nicht kämmen«, sagte sie.

»Ich werde doch noch zwei Zöpfe flechten können!«, rief er.

»Flechten kann jeder«, sagte die Mutter. »Aber wo, das ist die Kunst!«

»Ich sag's ihm, wo die Zöpfe sein müssen!«, rief ich eifrig. »Und wenn er die roten Bänder vergisst, werde ich ihn daran erinnern!«

»Na, wenn das mal gut geht«, hörte ich die Mutter seufzen.

Wir machten unterwegs in Dresden Station. Ich fand es ungeheuer interessant, woanders als zu Hause zu schlafen. Das also war ein Hotel! (In Wirklichkeit war es nur ein winziges Zimmer in einer Pension. Ein richtiges Hotel konnten wir uns nämlich nicht leisten.) Um Geld zu sparen, übernachtete ich mit dem Vater in einem Bett. Ich schlief wie ein Stein. Der Vater aber – das erzählte er mir Jahre später – schlief kaum, aus Angst, mich zu zerdrücken.

Der nächste Morgen verdüsterte sich jedoch wegen eines Problems: Der Vater kämmte mich zwar und flocht auch die Zöpfe, aber sie hingen ganz woanders als dort, wo sie bei der Mutter hingen! Viel weiter hinten! Als ich protestierte, löste er die Zöpfe wieder auf und versuchte, sie weiter vorn, also über meinen Ohren zu flechten. Aber das gelang ihm nicht. Jetzt hingen sie zu weit vorn!

Ich bat ihn, die Zopfflechterei noch ein drittes Mal zu versuchen. Aber dazu hatte er nicht mehr die nötige Geduld. Er ließ die Zöpfe jetzt dort, wo sie waren.

Während wir in der Pension frühstückten, traute ich mich kaum, mit dem Kopf zu wackeln, denn dann spürte ich den falschen Sitz der Zöpfe ganz besonders unangenehm.

Am Frühstückstisch stellte er in Aussicht, vor der Weiterfahrt mit mir in den Dresdener Zoo zu gehen. (Wahrscheinlich in der Hoffnung, meine Gedanken auf etwas anderes zu lenken als auf die für ihn so unwichtigen, so nebensächlichen Zöpfe.)

Und wirklich: Ich vergaß die Zöpfe!

Aber sie holten mich schnell wieder ein. Denn als ich begeistert vor den Gitterstäben des Affenkäfigs stand und den Schimpansen zuschaute, die an Klettergeräten hinauf- und hinunterrutschten und sich gegenseitig entlausten, kam einer der Affen, eigentlich noch ein Äffchen, auf mich zu. Er fasste durch das Gitter und packte einen meiner beiden Zöpfe, noch bevor der Vater, der hinter mir stand, eingreifen konnte.

Der Affe zog so kräftig an dem Zopf, als wollte er mich, sein neues Spielzeug, in den Käfig hineinziehen. Ich schrie wie am Spieß. Die Leute guckten.

In aller Eile löste der Vater die Affenhand von meinem Zopf, nahm mich auf den Arm und machte, dass er davonkam.

Leider war es ihm nicht gelungen, dem Affen die rote Schleife abzunehmen, die das Tier aus meinem Zopf gezogen hatte. Aber die Verwandten in Leipzig hatten ein paar rote Bänder vom letzten Weihnachtsfest aufgehoben. Eines davon bügelte Vaters Cousine und band es mir in den Zopf.

Und es gelang ihr, beide Zöpfe so zu flechten, dass sie über den Ohren hingen, fast genau so wie bei der Mutter. Deswegen hatte ich sie besonders lieb, auch viel später noch, als mir die Zöpfe bis fast in die Kniekehlen reichten und ich sie nicht mehr über den Ohren, sondern viel weiter hinten trug.

Als ich von dieser Reise heimkam, hatte ich was zu erzählen.

Der Vater auch.

Seltsames Ziegenfutter

Wir hatten drei Ziegen. Alle drei hatten keine Hörner, aber große Euter mit jeweils zwei Zitzen. Die Mutter musste die Ziegen jeden Morgen und jeden Abend melken. Mit dieser Milch wuchsen wir auf. Sie verschaffte uns prächtige Zähne. Wir tranken sie alle gern. Wir konnten nicht einfach Milch trinken, wann immer wir Durst hatten. Dafür war das Wasser da. Aber mit Milch von unseren Ziegen und Kartoffeln von unserem Acker konnte die Mutter immer rechnen, darum mussten wir nie Hunger leiden. Manchmal begleiteten wir die Mutter in den Stall. Der war zwar nicht groß, aber warm und vor allem im Winter richtig gemütlich. An kalten Tagen war er morgens sogar wärmer als unsere Wohnküche. Ich konnte gut verstehen, dass sich unsere Ziegen darin wohlfühlten.

Unsere Ziegen. Da war erst mal die Maula. Warum sie so hieß, weiß ich nicht mehr. Wir betrachteten sie als die »Oberziege«, der die beiden anderen Ziegen untertan waren. Sie hatte jedenfalls den längsten Bart von allen dreien. Und sie hatte schon vier- oder fünfmal Junge bekommen, niedliche »Zickel«, die an den Euterzitzen ihrer Mutter Milch saugten, wenn sie Hunger hatten. Sobald sie begannen, Gras zu fressen, ließ der Vater sie schlachten. Das war immer ein trauriger Tag für uns Kinder, denn wir hatten die Zickel lieb gewonnen und spielten gern mit ihnen.

Auch die zweite Ziege, die Emma, hatte schon zweimal Zickel bekommen. Nur die dritte, die Mirl, erst einmal. Sie war noch jung und tat manches, was sie eigentlich nicht tun durfte. Zum Beispiel knabberte sie Mutters Wäsche an, wenn diese zum Bleichen ausgebreitet auf dem Gras lag.

Einmal versuchte ich, auf ihr zu reiten. Aber das klappte nicht. Kaum merkte sie, dass ich mich auf ihr niederlassen wollte, huschte sie davon, und ich saß im Gras.

Draußen wurde sie – genauso wie Maula und Emma – an einen Pfahl angebunden und konnte ringsherum in einem Kreis weiden. Ich wusste, welche Kräuter Mirl am liebsten fraß, pflückte sie auf dem Heimweg von der Schule und hielt ihr den Strauß hin, sobald ich zu Hause eintraf.

»Komm, Mirl,« lockte ich sie. »Feines Kraut, ganz frisch!«

Erst schnupperte sie an dem Strauß. Vor ihrer Nase zog ich ihn hin und her. Sobald sie ihn fraß, war ich glücklich.

Aber einmal vermisste ich nach einem leckeren Ziegenmahl meine Zopfschleife. Ich vermutete, dass ich sie unterwegs auf dem Heimweg von der Schule verloren hatte, und suchte diesen ab. Aber ich fand sie nicht. Ich suchte rund um unser Haus, denn auch da hatte ich Mirls Lieblingskraut gepflückt. Aber auch da fand ich sie nicht.

Die Zopfschleife war knallrot. Sie hätte mir entgegenleuchten müssen. Die am anderen Zopf leuchtete ja noch!

Ich hatte ein schlechtes Gewissen. Die beiden Zopfschleifen hatte ich von Mutters Mutter, der Saarbrücker Großmutter, zum Geburtstag geschenkt bekommen. Sie waren sicher viel wert. Die Mutter konnte mir keine neuen Zopfschleifen kaufen. Und ich konnte ja nicht mit zwei Zöpfen, aber nur einer Zopfschleife zur Schule gehen! Natürlich hätte ich die Mutter bitten können, mir nur einen einzigen Zopf zu flechten, der hinten am Kopf herunterhing. Aber nur einen Zopf zu haben – nein, das konnte ich mir nicht vorstellen.

Als die Mutter mich auf der Bleichwiese suchen sah und fragte, musste ich ihr sagen, dass die Schleife weg war. Nun suchte sie mit. Ja, sie rief sogar meine jüngeren Geschwister aus dem Haus und ließ auch sie nach der knallroten Schleife Ausschau halten. Als diese verschwunden blieb, war ein Donnerwetter fällig.

Am nächsten Morgen flocht mir die Mutter zur Strafe nur einen einzigen Zopf. Der war mir ganz und gar ungewohnt. Die Ohren lagen ja so frei!

Viele Mitschülerinnen fragten mich: »Na, trägst du jetzt nur noch *einen* Zopf? Der steht dir aber viel weniger als zwei!«

Und fast gelang es einem Jungen aus meiner Klasse, den Zopf, der mir auf den Rücken hing, in sein Tintenfass zu tauchen!

Niedergeschlagen wanderte ich heim. Die zwei Kilometer kamen mir furchtbar lang vor. Ich war so sehr mit dem Verlust der Zopfschleife beschäftigt, dass ich nicht einmal an Mirls Lieblingskräuter dachte!

Auch an diesem Tag waren die drei Ziegen wieder auf der Wiese an je einen Pfahl angebunden. Rund um jeden Pfahl, etwa in einem Radius von zwei Metern, war die Wiese abgeweidet. Wie immer ging ich an den Ziegen vorbei. Mirl meckerte laut und schaute mir entgegen. Wahrscheinlich wartete sie auf ihren leckeren Strauß. Aber als ich ihr nichts hinhielt, drehte sie sich um und weidete weiter.

Und was sah ich da? Etwas leuchtend Rotes, das ihr unter dem Stummelschwanz aus dem Hintern hing!

»Mirl!«, rief ich erleichtert. »*Du* hast also meine Zopfschleife gefressen! Aber verdaut hast du sie nicht!«

Ich zog ihr das rote, nun etwas verschmutzte, aber immer noch leuchtende Band aus dem Po und lief damit zur Mutter. Die schüttelte den Kopf, als sie hörte, wo ich die Schleife gefunden hatte. Sie wusch sie, hängte sie auf und bügelte sie mit dem Bügeleisen, das noch nicht mit elektrischem Strom betrieben wurde. (Damit das Bügeleisen funktionierte, wurde ein Stück Eisen im Herdfeuer heiß gemacht und dann in das Bügeleisen hineingeschoben.) Als das Band gebügelt war, konnte man kaum mehr erkennen, dass es durch die ganze Mirl gewandert und erst am nächsten Tag wieder zum Vorschein gekommen war.

Aber davon verriet ich nichts, als ich am nächsten Morgen wieder mit *zwei* Zöpfen und *zwei* Zopfschleifen zur Schule kam.

Zum ersten Mal beim Zahnarzt

Ich glaube, ich war sieben Jahre alt, als ich zum ersten Mal Zahnschmerzen bekam. Und zwar nicht nur ein ganz zartes, kaum zu spürendes Pochen oder Ziehen, sondern einen wilden Schmerz, der mich plötzlich und unerwartet traf und mich laut jammern ließ. Manchmal riss ich vor Schmerzen auch den Mund auf und ließ ihn eine Weile offen stehen. Die jüngeren Schwestern begafften mich voller Mitleid.

Der Schmerz durchzuckte mich aber nur dann, wenn ich auf einen bestimmten Backenzahn biss.

»Die Milchzähne wollen raus«, stellte die Mutter fest.

Der Vater schaute mir in den Rachen und sagte: »Nichts zu sehen. Stell dich nicht so an.«

Ich gab mir Mühe, mich nicht so anzustellen,

und kaute nur noch auf der Seite, die dem schmerzenden Backenzahn gegenüberlag. Allerdings vergaß ich das manchmal, wenn ich hungrig war. Wenn ich also unerwartet etwas Gutes zu essen bekam und nicht genug Zeit hatte, mich in meinen Gedanken auf die Seitenkauerei einzustellen, konnte es passieren, dass ich doch einen leisen Schrei ausstieß und mir die Backe hielt.

»Er wackelt!«, rief ich eines Mittags, als ich aus der Schule kam.

Alle wussten sofort, dass ich nicht von einem Menschen, sondern von meinem allseits bekannten Backenzahn sprach.

»Dann zieh ihn raus«, brummte der Vater.

»Hab ich schon versucht«, sagte ich bedrückt. »Aber er geht noch nicht raus. Der Herr Oberlehrer hat's auch versucht. Aber bei ihm ging er auch nicht raus.«

Ich gewöhnte mir an, jeden Tag nach der Schule unserer herzensguten Großmutter im Dorf einen Blitzbesuch abzustatten. Denn die gab mir nur noch stark gezuckerte Säfte zu trinken. Die brauchte ich nicht zu kauen. Aber leider machten sie nicht satt. Und weil ich ganz langsam und vorsichtig kaute, wurde ich auch daheim nicht satt. Das merkte die Mutter schließlich bei der wöchentlichen Gewichtskontrolle. Ich nahm ab!

»Sie muss zum Zahnarzt«, sagte die Mutter.

»Und wie sollen wir das bezahlen?«, fragte der Vater.

Damals gab es noch keine Verpflichtung, einer Krankenkasse beizutreten. Meine Eltern hätten sich die Mitgliedsbeiträge einer Krankenkasse nicht leisten können, denn sie verdienten nur sehr wenig Geld und hatten Mühe, ohne Schulden durchzukommen.

Mit anderen Worten: Wir waren arm. Meistens half uns der Großvater aus, wenn wir um unbedingt nötige Ausgaben nicht herumkamen.

Nach ein paar Tagen besuchte uns wieder einmal die Großmutter. Wenn die Erwachsenen miteinander sprachen, wurden wir Kinder hinausgeschickt. Als wir wieder hereingerufen wurden, um gemeinsam mit den Großen Kaffee zu trinken und Kuchen zu essen, bereitete ich mich wieder auf das Seitenkauen vor.

Aber die Mutter sagte zu mir: »Morgen gehst du zum Zahnarzt. Und zwar allein.«

»Allein?«, rief ich erschrocken.

»Du bist schon groß genug dazu«, sagte der Vater. »Du brauchst ihm nur deinen Namen zu sagen. Und wie alt du bist. Dann wird er sagen: ‚Wo?‘, und da zeigst du auf den Zahn. Alles andere erledigt er. Ich kenne ihn gut. Ich bin ja mit ihm zur Schule gegangen. Mit Kindern kann er umgehen. Er hat ja selber zwei kleine Jungen daheim …«

Am nächsten Tag war nachmittags schulfrei. Die Mutter zog mir mein Sommer-Sonntagskleid an und kämmte mich noch einmal. Ich musste weiße Söckchen anziehen und bekam sogar ein Täschchen mit, in dem ein sauber zusammengelegtes, blütenweißes Taschentuch lag.

»Das wirst du vielleicht brauchen«, sagte die Mutter. »Mach's gut. Sei tapfer. In einer Dreiviertelstunde ist alles vorbei. Komm danach gleich heim. Wir werden schon auf dich warten.«

Ich ging los. Eine halbe Stunde dauerte es, bis ich im Nachbardorf Lichtenau war. Ja, ich musste bis ins Nachbardorf, denn in unserem Dorf war nur ein Dentist, also ein Zahntechniker. Mit dem war der Vater nicht zur Schule gegangen.

Das letzte Stück ging ich immer langsamer, obwohl ich wusste, dass es keine Möglichkeit gab, dem finsteren Vorgang, der mich erwartete, auf irgendeine Weise zu entkommen. Gleich in einem der ersten Häuser, einer alten Villa, hatte der Zahnarzt seine Praxis. Die hatte mir der Vater schon oft gezeigt, wenn wir zusammen nach Lichtenau gegangen waren.

Mit zusammengebissenen Zähnen schleppte ich mich die vier Stufen bis zur Tür hinauf und schlich ins Wartezimmer. Offensichtlich hatte ich durch das Immer-langsamer-Gehen so viel Zeit verloren, dass ich erst ankam, als alle anderen Patienten schon behandelt worden waren. Jedenfalls war das Wartezimmer leer. Ich setzte mich auf einen der gepolsterten Stühle und stellte mich auf eine lange Warterei ein.

Aber schon trat der Zahnarzt in einem weißen Kittel ins Wartezimmer und kam stracks auf mich zu. Er fragte weder nach meinem Namen noch nach meinem Alter. Beides schien er schon zu wissen. Lachend nannte er mich bei meinem Vornamen, nahm mich mit in seinen Behandlungsraum, ließ mich auf den großen Stuhl klettern und den Mund ganz weit aufmachen. Ich wollte ihm zeigen, wo der wacklige Backenzahn saß. Aber er winkte nur ab, beugte sich über mich, drückte meine Zunge herunter und fuhr mit einem seiner Geräte kurz in meinem Mund herum. Es piekte ein bisschen, aber nur ganz kurz. Ich konnte nichts sagen, weil ich ja den Mund aufsperren sollte. Und ich dachte mir: Er wirft erst mal einen Blick in meinen Mund, um zu schauen, wie es da drinnen aussieht.

Kaum richtete er sich mit dem Gerät wieder auf, zeigte ich auf die eine Backe und sagte: »Hier unten, der dritte von hinten. Ich muss aber schreien, wenn er rausgezogen wird!«

»Wieso?«, fragte der Zahnarzt heiter. »Da ist er doch schon!« Und er zeigte mir das Gerät, offensichtlich eine Zange, mit meinem winzigen Zahn. »Willst du ihn haben?«

Ungeheuer erleichtert nickte ich.

Er tat ihn in ein winziges Döschen, ließ mich den Mund ausspülen und bat mich, den Vater zu grüßen. Dann rutschte ich von dem Behandlungsstuhl herunter, bekam das Döschen, gab ihm die Hand, knickste und sagte »Auf Wieder ...«, aber dann hielt ich erschrocken inne und verabschiedete mich mit einem »Leb wohl«. Diesen Gruß benutzte man in unserer Gegend nicht. Ich hatte ihn aus den Büchern, die ich las.

Der Zahnarzt antwortete nur mit Gelächter, öffnete mir die Tür und rief mir nach, als ich die Stufen hinunterhüpfte: »Und deine Mutter lasse ich natürlich auch grüßen!«

Erst als er wieder verschwunden war, dachte ich an das Taschentuch. Ich zog es aus dem Täschchen, betrachtete es und tastete mit der Zunge dorthin, wo der Zahn gewesen war. Da war jetzt ein freier Platz zwischen den anderen Backenzähnen und der fühlte sich weich an.

Ich schob das Taschentuch wieder ins Täschchen. Ich hatte den Mund ja ausgespült. Da gab es nichts mehr zum Abtupfen. Das Döschen behielt ich in der Hand, denn ich wollte mir den Zahn unterwegs noch ein paar Mal ansehen.

Für den Heimweg brauchte ich nur zwanzig Minuten. Schon von Weitem winkte mir die Mutter mit der jüngsten Schwester auf dem Arm zu. Sie war mir entgegengekommen. Ich winkte mit dem Döschen zurück, rannte auf sie zu und umarmte sie. Und sie mich.

Daheim kochte sie mir kräftigen Grießbrei. Zwei Teller voll! Ich aß alles bis auf den letzten Rest. Bis ich fast platzte.

Vom Kranksein

Ich habe ja schon erzählt, dass wir nicht krankenversichert waren. Einen Arztbesuch konnten wir uns nur im äußersten Notfall leisten.

Und so benutzte unsere Mutter die Natur, um uns zu heilen, wenn wir krank waren. Waren wir erkältet, gab sie uns einen Tee zu trinken. Der half meistens. Die Blätter für den Tee fanden wir Kinder draußen. Wir wussten schon die entsprechenden Plätze. Auch gegen andere Krankheiten wuchsen passende Gewächse rings um unser Haus. Sogar zwischen dem Unkraut waren sie zu finden. Die Mutter kannte sie alle. Und sie wirkten!

Half der Tee nicht, mussten wir schwitzen. Aber das Schwitzen »geht aufs Herz«. Da musste man aufpassen, durfte sich nicht anstrengen und musste brav im Bett liegen.

Gegen Durchfall half roher Apfel, gegen Magenverstimmungen Haferschleim, gegen Mandelentzündung heiße Milch mit Honig, gegen hohes Fieber Wadenwickel und so weiter.

Manchmal musste aber doch der Arzt kommen. So zum Beispiel, als wir drei Schwestern den ganzen Winter über Keuchhusten hatten. Da uns der Arzt dringend ein paar Wochen Seeklima empfahl, machten das unsere Eltern irgendwie möglich. Ich glaube, sie borgten sich Geld. Oder sie ließen sich von unserem Großvater väterlicherseits einen Teil des zukünftigen Erbes auszahlen. Jedenfalls fuhren wir drei oder vier Wochen nach Kolberger Deep und spielten jeden Tag in den Dünen. Solange wir uns dort in Pommern aufhielten, husteten wir noch. Als wir wieder zu Hause ankamen, war der Husten weg.

Auch als meine nächstjüngere Schwester an einer Meningitis erkrankte und fast starb, ging es nicht ohne Arzt. Nur langsam erholte sie sich wieder. Sie lag lange in einem Krankenhaus.

Anders war es damals mit dem Kinderkriegen. Dafür waren nicht Ärzte, sondern Hebammen zuständig. Jede Hebamme war für ein paar Dörfer verantwortlich. Damals bekamen die Leute mehr Kinder als jetzt. Meine Eltern bekamen insgesamt sechs Kinder, vier Mädchen und zwei Jungen.

Unsere Hebamme wohnte im Hauptdorf, zu dem auch wir gehörten. Die Mutter ließ sie immer rufen, wenn es so weit war, denn ohne sie war es ihr doch zu gefährlich. Und die Hebamme hatte einen sehr guten Ruf.

Allerdings war sie eine ganz besondere Hebamme, denn sie benutzte ein Motorrad, um schneller bei den werdenden Müttern zu sein. Oft sah man sie in großer Geschwindigkeit um die Kurven sausen, oft wunderte man sich, dass ihre weiten Röcke nicht zwischen die Speichen gerieten und sie aus dem Sattel rissen. Was für ein Anblick!

Sie erzählte immer sofort nach ihrer Ankunft den neuesten Tratsch aus dem Dorf, um die Mutter von den Wehen abzulenken. Gleichzeitig kümmerte sie sich um heißes Wasser. Und wenn schon ein paar Käse- oder Wurstbrote für sie vorbereitet waren, konnte man sie auch kauen sehen.

Bei der Geburt meines ersten Bruders erreichte sie uns jedoch zu spät. Das Kind war schon da, als sie bei uns ankam. Das lag an dem Mädchen aus einem der Dörfer, das in diesen Tagen bei uns wohnte. Ihre Aufgabe war es, sich um uns Kinder zu kümmern, während die Mutter mit dem Neugeborenen zu tun hatte. Unser Vater hatte sie zur Hebamme ins Dorf geschickt, um ihr zu sagen, es sei so weit. Aber als das Mädchen dann bei der Hebamme selbst über Kopf- und Bauchschmerzen geklagt hatte, hatte die ihr erst einmal einen Tee gekocht. Das dauerte eine Weile.

So hatte der Vater als Hebamme einspringen müssen.

»Aber wenigstens ist es ein Junge«, sagte er grinsend.

Stromausfall bei Eis und Schnee

Ich kann mich erinnern, dass es in meiner Kindheit manchmal dunkel wurde.

Nun, dunkel wird es jeden Tag, nachdem die Sonne untergegangen ist. Im Sommer später, im Winter früher, aber immer langsam: Zuerst wird es dämmrig, dann erst dunkel. Und wenn der Mond scheint, kann man auch in der Nacht noch allerlei sehen.

Aber als ich noch ein Kind war und wir vielleicht gerade zwischen dem Abendessen und dem Zu-Bett-Gehen noch eine Weile mit der Puppe spielten oder uns auf dem Schaukelpferd müde ritten oder die Mutter uns ein Märchen vorlas, konnte es passieren, dass plötzlich das Licht ausging!

Wenn alles mit dem Strom in Ordnung war, leuchtete unsere Lampe über dem Esstisch, sobald es dämmrig wurde. Auch oben die Schlafräume und unten die Kellerräume wurden sofort hell, wenn man die Schalter anknipste.

Aber wenn es plötzlich dunkel wurde und wir uns nur noch vorsichtig herumtasten konnten, war etwas an der Stromleitung kaputt, die vom Elektrizitätswerk im Dorf quer über die Felder bis zu uns heraus führte. Es kam dann auch kein Wasser mehr aus dem Hahn, denn die Pumpe, die das Wasser aus unserem Brunnen heraufpumpte, wurde elektrisch betrieben. Die konnte man zur Not aber auch mit der Hand betätigen, indem man die Kurbel drehte. Man musste nur wissen, wie und wo.

Nun, ich wusste das. Denn wenn der Vater nicht zu Hause war, musste ich die Kurbel drehen.

Wenn der Vater zu Hause war, drehte er die Kurbel, und ich hockte irgendwo in der Wohnküche und rührte mich nicht, bis die Mutter eine Kerze anzündete. Kerzen hatten wir genug, denn unser Großvater war Imker. Aber so eine Kerze hüllte die Wohnküche nur in sanftes Dämmerlicht, in dem man nicht lesen oder nähen konnte.

Dafür musste die Mutter erst eine Petroleumlampe von irgendwo herholen und anzünden. Aber auch das Petroleumlicht war nicht so hell wie das elektrische.

Nur die Wärme im Raum änderte sich nicht. Denn unsere Heizung hatte nichts mit dem Strom zu tun, weil wir mit Holz heizten. Und einen Kühlschrank hatten wir eh nicht. Den hatte noch so gut wie niemand im Dorf. Was in den Kühlschrank gehört, zum Beispiel Milch, Saft, Obst und dergleichen, stand bei uns damals in der Speisekammer, die sich am kühlen Ende der Kochecke befand.

Der Stromausfall hatte mit dem Wetter zu tun. Denn meistens wurde es im Winter dunkel – besonders bei Schneesturm, zwanzig bis dreißig Grad Kälte und Flockentreiben. Draußen lag dann sehr hoher Schnee. In unserem Dorf gab es nur einen, der etwas von Elektrizität verstand. Aber bei einem solchen Wetter kam der nicht. Deshalb hieß es dann bei uns: »Der Reiter muss kommen!«

Der Reiter war keiner, der etwas mit Reiterei zu

tun hatte. Er hieß so. Und er war Elektriker. Wie er mit Vornamen hieß, weiß ich nicht mehr. Wir nannten ihn immer nur bei seinem Nachnamen. Er war einer von Vaters Freunden aus dem Nachbardorf in östlicher Richtung: Lichtenau. Dort, wo auch der Zahnarzt war. Auch einen richtigen Bahnhof gab es dort, nicht nur eine Haltestelle wie in Wichstadtl.

Meistens holte ihn am nächsten Tag der Vater zu Hilfe. Ab meinem zwölften Geburtstag musste ich hingehen oder auf meinen Schneeschuhen zu ihm fahren. Froh war ich, wenn sich das Wetter inzwischen beruhigt hatte. Aber manchmal musste ich mitten in einem Schneesturm gehen: zweieinhalb bis drei Kilometer. Aus einem Türspalt sah mir die Mutter nach. Später erzählte sie mir mal, dass sie an solchen Tagen, wenn ich den Reiter holen ging, oft ganz abwesend war, weil sie ihre Gedanken bei mir hatte. Mir konnte ja so viel passieren, und niemand hätte mich gehört, wenn ich um Hilfe gerufen hätte.

Aber zum Glück stieß mir nie etwas zu, obwohl

bei diesem Wetter das Durchkommen nach Lichtenau schwierig war. Der Schnee lag an den Straßenrändern zu Wänden hochgeschaufelt, und bald hatte ich eiskalte Hände und eine gefrorene Nase.

»Aha«, sagte der Reiter, wenn er mich kommen sah, und lachte. »Wieder mal!«

Er ließ uns nie lange warten. Meistens lag das Problem an der Stromleitung von Wichstadtl zu uns. Deshalb wanderte er sie gleich ab und kletterte mit seinen hartbezahnten Klettereisen an manchen Masten empor. Entweder klebte zu viel Schnee auf der Leitung oder schwere Eiszapfen hatten ein Kabel beschädigt. Einmal hing sogar ein Mast schräg in einem Gewirr von Drähten und musste wieder aufgerichtet werden.

Aber was auch passiert war: Der Reiter fand es heraus und reparierte den Schaden. Der Vater half ihm und tat alles, um die Rechnung klein zu halten. Sobald die beiden Männer mit der Arbeit fertig waren, konnte die Mutter die Petroleumlampe mit einem Seufzer der Erleichterung wieder wegräumen. Und wenn meine Eltern Reiters Arbeit nicht gleich bezahlen konnten, wurde er auch nicht ungeduldig.

Einmal ließ meine zweite Schwester – damals vielleicht vier Jahre alt – die Kaffeekanne fallen, die sie aus dem Küchenschrank holen und der Mutter bringen sollte. Die Kanne zerschellte.

»Jetzt muss der Reiter kommen«, schluchzte meine Schwester, während sie die Scherben aufhob.

Die Mutter wollte schimpfen. Aber als sie hörte, was meine Schwester sagte, musste sie lachen. So einen »Reiter für alles« hätten wir wahrlich gut gebrauchen können!

Einkaufen im Dorf

Einmal in der Woche ging jemand von uns ins Dorf einkaufen. Meistens war ich das, weil ich die Älteste war. Ich konnte mir meistens alles merken und meistens alles tragen.

Aber wogegen ich mich immer wieder zu wehren versuchte, war der Rucksack.

Wer trug in Wichstadtl schon einen Rucksack, noch dazu einen so alten, geflickten?

Aber die Mutter war nicht umzustimmen. »Was? Außenseiter? Na und?«

Also blieb es bei diesem altmodischen Tragegerät.

Im Sommer wanderte ich in einem Dirndl mit Puffärmeln, an den Füßen weiße Söckchen und Sandalen, auf dem Rücken den Rucksack, ins Dorf.

Zuerst zum Postamt. Dort gab ich ein paar Briefe und Karten ab und nahm die Post für uns mit. Denn der Postbote kam nicht zu uns heraus. Er ging ja zu Fuß. Vielleicht hatte er in den letzten Jahren auch ein Fahrrad. Aber ein Auto? Nein. Damals konnte man sich einen Briefträger noch nicht in einem Auto vorstellen.

Dann ging ich zum Schuhmacher. Dieser saß unter einer schwachen Elektrobirne mit einem simplen handgefertigten Schirm in einem Kämmerchen, in das durch ein kleines Fenster etwas Tageslicht hereinfiel. Er war umrahmt von lauter Schuhmachergeräten, Werkzeugen und Schuhen, Stiefeln und Pantoffeln. Nun langte er hierhin und dorthin und fischte aus dem Chaos heraus, was fertig war. Ich zahlte, empfing die reparierten Schuhe, angelte die neu zu reparierenden Schuhe aus dem Rucksack und übergab sie dem Schuhmacher.

Auch die Schuhe wurden an die jüngeren Geschwister oder Vettern oder Cousinen weitergegeben – immer wieder genäht und mit neuen Sohlen und neuen Absätzen ausgestattet, bis sie nicht mehr zu reparieren waren. Erst dann wurden sie weggeworfen.

»In zwei Wochen«, knurrte der Schuhmacher, den man nicht »Schuster« nennen durfte, weil das angeblich eine Verspottung der Schuhmacher bedeutete. »In zwei Wochen« hieß aber – das wusste ich aus Erfahrung – »in vier Wochen«.

Nun kam der Kolonialwarenladen dran. Heute würde man »Tante-Emma-Laden« dazu sagen. Dort konnte man fast alles bekommen, von der Erbswurst bis zum Kaffee-Ersatz. Supermärkte? Die gab's noch nicht. Verpackungen waren auch noch sehr selten. Auch die Reklame steckte noch in den Kinderschuhen. Allerdings kann ich mich an ein Waschpulver erinnern. Es wurde in einer Schachtel verkauft und hieß RADION. Der Werbespruch lautete: RADION WÄSCHT ALLEIN!

Der Kaufmann hantierte hinter dem Ladentisch, nahm Papiertüten oder Stoffsäckchen in Empfang und füllte sie mit Mehl, Zucker oder Hülsenfrüchten aus offenen Säcken. Auch Salz gab es nur lose.

Für Marmelade musste man ein Glas oder eine Schüssel von daheim mitbringen, für Essig oder Öl eine Flasche. Zwischendurch reichte der Kaufmann den Kindern, die ihre Mütter begleiteten, rasch ein »Zuckerl«. Der Rucksack füllte sich mehr und mehr.

Nur Brot gab es nicht im Kolonialwarenladen, das musste ich beim Bäcker holen.

Auch dort ging alles viel langsamer, als man es heute gewohnt ist. Denn nur die Frau des Bäckers bediente und der Verkaufsraum war so klein, dass die Kundschaft manchmal dicht gedrängt vor dem Ladentisch stand. Zwei, höchstens drei Sorten Brot – mehr Auswahl gab es nicht. Kuchen kaufte ich nie. Den backte die Mutter selber. Und Brötchen waren uns zu teuer. Wir aßen auch morgens Brot in Scheiben.

Was man dort beim Bäcker aber immer gratis bekam, war der neueste Klatsch des Dorfes: Wer geboren und wer gestorben war. Wer bald heiratete. Wer an einer schlimmen Krankheit litt. Wer neu zugezogen und wer weggezogen war.

»Und wie geht's euch dort draußen?«, fragte mich immer irgendjemand. Und ich erzählte.

Jetzt fehlte nur noch die Molkerei. Die lag am Ende des Ortes. Längst waren meine Söckchen nicht mehr weiß. Denn nirgends waren die Straßen asphaltiert. Die Autos, die durch den Ort rollten, fuhren auf Schotter. Wenn ich mich nicht irre, gab es nur ganz wenige Autos in Wichstadtl – und ein paar Motorräder. Parkplätze? Waren nicht nötig. Für die Autos, die selten durch den Ort fuhren und anhielten, gab es genug Platz. Wenn es geregnet hatte, standen große Pfützen auf den Straßen. Kam dann ein Auto angefahren, musste man schnell wegrennen, sonst wurde man bespritzt.

Manchmal sollte ich aus der Molkerei zwei Liter Milch mitbringen. Aber nur, wenn wir Besuch erwarteten. Ich kann mich nicht mehr genau erinnern: Entweder reichte die Ziegenmilch nicht, oder die Besucher mochten keine Ziegenmilch. Aber ich weiß noch genau, dass man eine Milchkanne mitbringen musste, wenn man Milch haben wollte. Und für Quark eine Schüssel.

Keuchend kam ich dann daheim an, gerade knapp vor dem Mittagessen. Der Rucksack war schwer. Und dazu manchmal noch die Kanne mit zwei Litern Milch!

Die Mutter zählte die Münzen und das Papiergeld, das ich zurückbrachte, und rechnete nach. Ja, es stimmte alles, ich hatte kein Geld unterwegs verloren und auch nirgends zu wenig oder zu viel bezahlt. Zum Dank oder als Belohnung bekam ich ein paar Löffel Nachspeise mehr als meine Geschwister, z.B. Erdbeerkompott.

Ein Schatz aus Scherben

Es gab einige Plätze in meinem Heimatdorf, die mich als Kind besonders anzogen. Einer davon war das Fleischerloch. So nannten wir die Müllkippe des Ortes.

Das Fleischerloch war gewiss keine Zierde unseres Dorfes: eine große Grube neben der Straße, die von Wichstadtl nach Wöllsdorf führte, umschlossen von einer scharfen Kurve. Wahrscheinlich stammte dieses Loch, das mir als Kind ungeheuer breit und tief erschien, aus der Bauzeit eben jener Straße: Hier wurde Erde und Geröll ausgehoben, um dort zur Böschung aufgeschüttet zu werden. So war eine Vertiefung entstanden, die für die Gemeinde keinen Nutzen besaß.

Aber es gibt ja so gut wie nichts auf der Welt, das nicht doch zu etwas nütze wäre. Und so wurde aus dem Loch ein Schuttplatz, den jedermann »Fleischerloch« nannte. Warum der Schuttplatz so hieß, weiß ich nicht, aber jeder Wichstädter, der seinen Schrott loswerden wollte, brachte ihn dorthin, kippte ihn in die Senke und zog erleichtert davon.

Auch wir von der Rosinkawiese karrten etwa zweimal pro Jahr unseren Abfall im Handkarren zum Fleischerloch: durchgebrannte Glühbirnen, Teller-, Tassen- und Flaschenscherben, dann und wann einen Emailletopf oder einen Zinkeimer, dessen Löcher zuzulöten sich nicht mehr lohnte – und all das, was sich im Lauf der Zeit in einem Haushalt damals eben so ansammelte und sich nicht für den Komposthaufen eignete.

Viel war es nicht: Jede Tüte wurde glattgestrichen und wiederverwendet, jede Flasche wurde sorgfältig ausgewaschen und aufgehoben, die ausgelesenen Zeitungen dienten als Brennmaterial und – klein geschnitten – als Toilettenpapier. Alte Kleider, die schon von mir und meinen Schwestern abgetragen worden waren, wurden in Streifen geschnitten und zu »Fleckelteppichen« verarbeitet. Wenn sie auch dazu nicht mehr taugten, verwendete unsere Mutter sie als Wischlappen.

Wie lächerlich wenig Müll produzierten damals die Bürger Wichstadtls! Eine dörfliche oder kreisstädtische Müllabfuhr hätte nicht viel zu tun gehabt.

Meine Mutter brauchte mich nicht zu drängen, wenn es um eine Fahrt zum Fleischerloch ging. Diesen Auftrag übernahm ich immer mit Vergnügen. Und so zog ich als Acht- oder Neunjährige den Handkarren, auf dem es klirrte, klapperte und rasselte, über die Feldwege und an Pietsch Johanns und Höppes Hof vorbei zum Fleischerloch. Dort schleuderte ich ein Stück nach dem anderen aus meiner Fracht in den Schrotthaufen hinein und genoss es, wenn sich dabei die Scherben weiter zerscherbten und Zerbeultes noch mehr zerbeulte.

Fast immer traf ich am Fleischerloch andere Kinder, auf die der Schuttplatz eine ebensolche Anziehungskraft ausübte wie auf mich. Da wurde nach Schätzen gewühlt, wurde Gefundenes stolz anderen Schatzsuchern herumgezeigt, mit Kennermiene begutachtet und schließlich möglichst vorteilhaft getauscht: Knöpfe gegen krumme Nägel, einen Puppenkopf mit abgebissener Nase gegen eine verrostete Kaffeemühle, durchgelaufene Einlegesohlen gegen ein zerbrochenes Fieberthermometer.

Aber auch Interessantes anderer Art hatte das Fleischerloch zu bieten: Hob man einen alten Eimer, einen Deckel hoch, huschten Asseln davon, krümmten sich Regenwürmer, stelzte, krabbelte, kroch allerlei Vielfüßiges hastig ins nächste Versteck. Riskierte man morgens, wenn man zur Schule ging, einen Blick ins Fleischerloch, funkelte Tau auf Spinnweben. Im Sommer schwärmten Mücken über dem Müll. Das ganze Jahr über scharrten Hunde in der Mulde und kauten Knochen.

Wie gesagt: Auch ich erlag der Faszination des Schrotts. Kinder sind Sammler. Damals wurden Zigarettenbilder, Bierdeckel, Briefmarken, Münzen, Verse für Poesiealben, Stoffproben und dergleichen gesammelt.

Besonders für schöne Scherben war das Fleischerloch eine wahre Fundgrube! Und so nahm ich sogar in Kauf, dass mich meine Mutter wegen meiner Trödelei rügte, um meine Scherbensammlung um einige neue, kostbare Stücke erweitern zu können: einen Teil des goldverzierten Randes einer Sammeltasse, einen spiralig gedrehten Henkel aus Porzellan, den Hinterkopf einer Nippes-Rokokodame, eine Scherbe undefinierbaren Ursprungs mit zartem Veilchenmuster, eine andere mit einer Rosengirlande, eine dritte mit den ineinandergeschlungenen Initialen B.H. in Goldfraktur, deren Bedeutung meine Fantasie lange Zeit beschäftigte.

Und dann die Fülle der getönten Glasscherben! Hielt man sie vor das linke oder rechte Auge und sah hindurch, verfremdete sich die Szenerie: grandios der weinrote Himmel über den rot schattierten Häusern des Dorfes und der purpurnen Silhouette des Galgenberges! Überwältigend das Fleischerloch in Kobaltblau oder die alte Kirchendienerin, die gerade vorüberhumpelte, in leuchtendem Violett! Man musste nur das eine Auge zukneifen und die Scherbe wie ein Monokel vor das andere Auge klemmen und schon ließ sich die Welt verändern, wirkte Vertrautes plötzlich fremd.

Meine Schürzentasche wurde voller und schwerer. Ach, du wunderbares Fleischerloch, du Schatzgrube! Für deine Schätze lohnte es sich allemal, Mutters Schelte wegen Trödelei zu riskieren!

Einmal nahte das jähe Ende meiner Müllseligkeit in Gestalt meiner Großmutter, die mich, vom Friedhof zurückkehrend, mit scharfem Blick im Fleischerloch entdeckt hatte. Versunken in mein Scharren, Säubern, Prüfen, Auswählen und Verwerfen, sah ich sie nicht kommen. Und so bekam ich sie plötzlich, als ich mit einer stark gewölbten Scherbe vor dem Auge aufschaute, ungeheuer vergrößert und flaschengrün vor mein Monokel.

Vor Schreck entfiel es mir. Mit gerümpfter Nase zog mich die Großmutter aus dem Dreck und nahm mich mit heim, wo sie mich erst mal meine Hände abschrubben ließ. Dann tröstete sie mich mit einem Honigbrot, als ich der glücklichen

Stunde im Fleischerloch nachtrauerte, und schickte mich heim. Das hieß, aus dem Dorf hinaus zwischen die Felder, wo unser Haus stand. Das war ein weiter Weg. Aber durch diesen Umweg über die Großmutter hatte ich für meine Mutter wenigstens eine plausible Erklärung meines langen Ausbleibens bereit. Dass ich die Großmutter besucht hatte, war kein Grund für eine Rüge. Und was mein Gewühl im Fleischerloch betraf, so hielt diese dicht. In solchen Dingen war auf sie Verlass.

Als ich vor ein paar Jahren wieder nach Wichstadtl kam, suchte ich unter anderem auch nach meinem lieben alten Fleischerloch. Ich hätte mich – weiß Gott! – nicht geniert, noch einmal eine bunte Scherbe aufzuheben und mir mein Heimatdorf mit einem roten, blauen oder violetten Monokel vergrößert oder verkleinert zu betrachten!

Aber das Fleischerloch gibt es nicht mehr.

Wo es einmal gewesen ist, ist nur noch ein grün bewachsener Hang zu sehen. Vielleicht werden es in tausend Jahren eifrige Archäologen unter diesem Hang entdecken und aus dem Müll der Wichstädter wichtige Erkenntnisse über den Entwicklungsstand der Menschheit in der ersten Hälfte des zwanzigsten Jahrhunderts herauslesen.

An der frischen Luft

In meiner Kindheit war ich viel mehr draußen als drinnen. Aber nicht nur ich. Bei fast allen Kindern im Kindergarten- und Schulalter verhielt es sich so. Zumindest, wenn es nicht gerade regnete oder hagelte. Das hatte verschiedene Gründe.

Bei uns, die wir so weit weg von der Dorfschule wohnten, war es der lange Schulweg: täglich zweimal hin und zweimal zurück. Denn außer mittwochs und samstags hatten wir auch nachmittags Schule. Und am Sonntagnachmittag, manchmal sogar den ganzen Sonntag, war unsere gesamte Familie singend unterwegs. Vater und Mutter trugen dann beide einen Rucksack, in dem das Essen war. Das jeweils jüngste Kind saß fast immer auf Vaters Nacken und ließ die Beine vorn herunterbaumeln. Hatten wir Durst, tranken wir klares

Wasser aus einem Graben oder Bach. Auf diese Weise lernten wir die ganze Landschaft kennen, die uns umgab.

Auch bei regnerischem Wetter scheuchte uns die Mutter hinaus. Wenigstens eine Zeitdauer, die ausreicht, um Frischluft zu tanken.

Besonders gern waren wir am Teich. In den Sommerferien kauerten wir, wenn die Sonne schien und es warm war, stundenlang fast nackt oder ganz nackt in seinem Schlamm. Wir bauten winzige Teiche mit Dammlöchern, durch die frisches Wasser aus den nassen Wiesen fließen konnte, füllten sie mit Wasser und ließen Kaulquappen, kleine Frösche oder Blutegel darin schwimmen. Aber bald waren die Teiche wieder leer, denn die Kaulquappen schwammen im durchlaufenden Wasser fort, die kleinen Frösche hüpften davon und die Blutegel versuchten, sich auf möglichst großen Wesen festzusetzen, deren Blut sie saugen konnten. Das waren wir. Wie man sie wieder abbekam? Mit viel Geduld und Glück!

Oder wir wateten durch das immer tiefere Wasser hinüber zur Insel und winkten zur Straße hinüber, wenn jemand vorbeikam.

Meistens mussten wir auch eine Weile im Garten arbeiten: Erdbeeren pflücken, Raupen von den Kohlköpfen und Schnecken von den rankenden Erbsen und Bohnen ablesen oder Mohnkapseln abschneiden.

Manchmal schickte uns die Mutter auch in die Umgebung hinaus, um wild wachsende Gewürz-, Heil- und Salatkräuter zu sammeln. Oder sie ließ uns, je nach Jahreszeit, Heidelbeeren, Himbeeren und Brombeeren pflücken und Pilze suchen.

Manchmal gab uns die Mutter auch Zeit zum Spielen. Doch wenn ich gerade ein spannendes Buch geschenkt bekommen hatte, versuchte ich, mich ins Haus zu schleichen und zu lesen. Erwischte mich die Mutter dabei, wurde sie ärgerlich und rief: »Raus mit dir! Draußen ist es so schön und du willst dich hier drinnen aufhalten? Kommt nicht infrage!«

Na ja, was sollte ich machen? Ich versuchte, das Buch mit hinauszunehmen.

Aber das mochte die Mutter auch nicht: »Draußen hat man sich zu bewegen!«

Ich kletterte oft auf eine der jungen Pappeln, die unser Anwesen von Umlaufs Nachbargrundstück abgrenzten. Dann saß ich da oben und staunte darüber, dass alles so anders aussah, wenn man es von oben betrachtete. Und wenn ein Windstoß kam, schaukelte ich hin und her und fühlte mich wie ein Schiffsjunge im Ausguck.

Manchmal übte der Vater mit uns schwimmen. Mit zehn Jahren konnte ich den Teich an seiner tiefsten Seite ohne Vaters Hilfe durchqueren. Die anderen lernten das erst später. Mehrmals nahm er uns mit zum Bach, der am Mühlberg vorbeifloss. An diesem Gewässer, das voller Steine und Felsen war, hatte er selber als Kind oft gespielt. Er kannte noch alle tiefen Löcher, in denen sich Fische und andere Wassertiere versteckten.

Bereitwillig zeigte er uns, in welchen Löchern vor allem Krebse saßen, und lehrte uns, Krebse zu fangen. Da musste man blitzschnell zupacken, wenn man einen erwischen wollte. Aber man musste ihn unbedingt *hinter* den Zangen zu fassen kriegen, sonst wehrte er sich. Das tat weh.

Weh tat es aber auch, wenn wir merkten, dass andere Kinder, die auch am Bach gespielt hatten, unauffällig verschwanden, wenn wir auftauchten. Wir waren eben anders, gehörten nicht richtig zur Dorfgemeinschaft dazu.

Meine Geschwister spielten oft Verstecken in Umlaufs Scheune. Dabei machte ich aber selten mit. Am liebsten war ich allein, legte mich in den Schatten der Pappeln und träumte.

Manchmal krochen wir drei Mädchen ins Heu im Schuppen – in der Hoffnung, dass die Mutter nicht auf die Idee kam, uns zu vermissen und zu suchen. Aber genau so kam's: Sie jagte uns mit ihrem halb ernsten, halb heiteren Ruf »Raus mit euch!« aus dem Heu ins Freie, sammelte die Bücher ein und schickte uns auf unseren privaten Spielplatz vor dem Schuppen, wo der Vater vor ein paar Jahren eine stabile Schaukel und einen Sandkasten für uns aufgestellt hatte. Aber inzwischen waren wir schon zu groß für einen Sandkasten.

Und auf die Schaukel setzte sich jetzt die Mutter und ließ sich vom Vater anschubsen.

Ich stand da und schaute zu und dachte an die Kinder im Dorf. Die konnten immer mit anderen Kindern spielen. Ich hatte immer nur meine Geschwister – oder mich selbst. So gut wie nie kam ein Kind aus dem Dorf zu uns heraus. Aber immer, wenn ich ins Dorf ging, sah ich die meisten Kinder, mit denen ich in der Schule zu tun hatte, draußen spielen. Ich war mir ziemlich sicher: *Die* brauchten den elterlichen Ruf »Raus mit euch!« nicht. Sie hatten ja einander. Sie hatten eine bunte Auswahl an Freunden. Die hatte ich nicht. Wie habe ich sie mir gewünscht!

Mein Zauberwald

Als wir schon zu dritt waren, gaben unsere Eltern jedem von uns ein kleines Stück Land. Wir waren acht, knapp vier und zwei Jahre alt. Drei Mädchen. Ein Junge war zum Kummer meines Vaters noch nicht da. (Damals, 1936, galt ein Mann als kein richtiger Mann, wenn er nur Töchter hatte!)

Wir hatten uns schon lange nach einem eigenen kleinen Garten gesehnt. Nun, im zeitigen Frühjahr des Jahres 1936, begannen wir eifrig zu graben und zu wühlen, bis wir alles getan hatten, was im Frühjahr mit einem Beet getan werden muss: Wir gruben die Erde um, so gut wir konnten, wobei der Vater unserer jüngsten Schwester half. Wir siebten die Steine aus dem Boden und mischten Torf und Dünger unter das Erdreich. Und dann gestalteten wir unsere Gärtchen nach unserem Wesen, jeder für sich, und niemand mischte sich ein. Nur die Jüngste verstand noch nicht richtig, was zu tun war: Wenn sie, die Zweijährige, auf ihrem Beet hockte, behandelte sie es wie einen Sandkasten. Mit anderen Worten: Sie goss Wasser aus einem Kännchen über den Boden, formte »Kuchen«, formte »Schnecken« und baute kleine Teiche. Dann erlosch ihr Interesse an ihrem Gärtchen und sie kümmerte sich nicht mehr darum.

Anders bei der mittleren Schwester. Sie hatte schon begriffen, worum es bei dem Gärtchen ging: Eifrig ordnete sie kleine Beete an, drückte zwischen ihnen schmale Pfade in die Erde oder riegelte sie mit spielzeugartigen Zäunen aus Holzspänen oder winzigen Latten gegeneinander ab. Dann zog sie mit einem Bleistift Furchen in ihr Erdreich und schaute den Erwachsenen über die Schulter, wenn sie die großen Beete bearbeiteten: Säte die Mutter Möhren, ließ sich die Tochter die Samenreste geben und säte auch Möhren. Säte die Mutter oder der Vater Mohn, säte die Tochter auch Mohn. Sobald die Mutter Salat pflanzte, pflanzte auch die

Tochter Salat. Und da wir jahrelang viele Erdbeeren ernteten, pflanzte die Tochter ein ganzes Beet voller Erdbeerpflanzen. Die Erdbeerfrüchte, die noch gar nicht da waren, sah sie schon vor sich leuchten. Und sie war entschlossen, sie zusammen mit Mutters Erdbeeren nach deren Ernte zu verkaufen und die Einnahmen der Mutter zu überlassen, »damit du dir mal ein neues Kleid kaufen kannst ...«.

So gutherzig war sie, meine nächstjüngere Schwester. Und so praktisch begabt! Schon mit vier Jahren!

Sie pflanzte auch Stiefmütterchen und Vergissmeinnicht, Margeriten und Dahlien, ja sogar Gladiolen! Ihr Blumenbeet leuchtete schon von Weitem. Stolz zeigte sie ihr Gärtchen jedem, der von der Straße herüberkam, um uns zu besuchen oder unseren Garten zu bewundern.

Ich aber kümmerte mich nicht um die Art, wie meine Eltern unseren großen Garten gestalteten. Mich machte nicht neugierig, was sie säten und pflanzten, was sie begossen und beschnitten. Ja, für Blumen konnte ich mich auch begeistern, aber es waren vor allem die Farben, die mich faszinierten. An den Erdbeeren, Pflaumen und Äpfeln interessierte mich nicht einmal der Geschmack. Verschiedene Sorten von Äpfeln, Birnen oder Kirschen konnte ich geschmacklich so gut wie nie auseinanderhalten. Aber mir war das egal. Sprachen mich Vater oder Mutter bezüglich dieser mangelnden Begabung an, zuckte ich nur mit den Schultern.

Mein Gärtchen? Nun, ich trennte es nicht in verschiedene Beete. Ich zeichnete keine Furchen ein, säte keine Möhren, keinen Mohn, pflanzte keinen Salat. Aber ich legte einen kleinen Teich an, einen Teich mit einer Insel. Auf der Insel stand bald eine Hütte, groß genug für eine kleine Puppe.

Ich ließ Efeu und Winden an einem verästelten Zweig hochklettern. Im Efeu versteckt hockten ausgestopfte Vögel mit langen, bunten Schwänzen. Die dafür nötigen Federn hatte ich im Wald gefunden.

Durch das ganze Gärtchen liefen Pfade, auf die ich lebendige Schnecken setzte. Teils an, teils zwischen die Wege legte ich besonders geformte und gezeichnete Steine, die im Vergleich zu den Schnecken wie Felsen wirkten. Und im gesamten Gärtchen ließ ich einfach Gras und Unkraut wachsen – je höher, umso besser. Mein Garten war ein Zauberwald!

Als größte Überraschung lag in einer Ecke meines Gartenstückes die abgestreifte Haut einer Kreuzotter. Immer, wenn ich jemandem mein Gärtchen zeigte, vergaß ich nie, das Gras auseinanderzubiegen, um die Schlangenhaut zu zeigen. Meistens fuhr dann der- oder diejenige mit einem spitzen Schrei zurück.

Einmal schenkte mir jemand einen Gartenzwerg. Den konnte ich gar nicht leiden. Dass er kitschig war, störte mich nicht weiter. Aber seine Dimensionen passten nicht in mein Fantasialand. Er wirkte wie ein heiterer Riese in einem Zwergenland.

Ich zeigte mein Gärtchen jedoch nicht jedem. Von manchen Besuchern wusste ich schon im Vorhinein, dass sie mit meiner Komposition nichts anfangen konnten. Meine Eltern hielten sich mit Kritik zurück. Wahrscheinlich dachten sie: Mal sehen, was aus diesem Kind wird.

Aber der Großvater, Vaters Vater, der selber Geschichten schrieb, schaute sich jedes Mal, wenn er zu uns heraus kam, mein Gärtchen an. Einmal zeigte er auf die Inselhütte und fragte leise: »Da möchtest du wohl manchmal drinsitzen, nicht wahr?«

Wie wir Straßenkehrer wurden

Unser Haus lag einsam zwischen den beiden Dörfern Wichstadtl und Lichtenau. Nur eine kümmerliche Landstraße verband diese beiden Dörfer miteinander. Sie führte, von Ahornbäumen gesäumt, durch Wiesen und Felder und im Abstand von etwa zweihundert Metern an unserem Haus vorbei. Im Vergleich zu heutigen Straßen herrschte allerdings fast kein Verkehr. Oft rumpelten pferdebespannte Bauernwagen mit großen Holzrädern auf ihr entlang. Morgens und nachmittags tauchte der Bus auf, der die Dörfler von Ort zu Ort, vor allem aber zum Markt in die kleine Kreisstadt Grulich brachte und sie auch wieder heimschaffte. Seltener verirrte sich ein Privatauto in diese abgelegene Gegend. Wenn doch, so wurde es ausgiebig begafft. Vor allem während der Frühlings- und

Herbstmonate zogen Wallfahrtsprozessionen im Schatten der Ahornbäume vorüber: Tschechische Landsleute wanderten hinter Kirchenfahnen her zum Muttergottesberg, einer der bekanntesten Wallfahrtsstätten Böhmens. Den Schluss jeder Schar bildeten die Alten und Fußkranken, die ihre Mühe hatten mitzukommen. Ihnen schauten wir Kinder besonders gern zu.

Die Straße war geschottert, nicht asphaltiert. Im Winter wurde sie oft unpassierbar. Der Sturm bedeckte sie mit hohen Schneewehen, sodass manchmal nicht einmal mehr der Schneepflug durchkam. Dann mussten die Dörfler beider Ortschaften, sich von beiden Seiten einander nähernd, den Schnee zur Seite schaufeln und schieben. So entstanden Schneewände, zwischen denen die Straße wie ein Hohlweg hindurchführte. Nur an bestimmten Ausweichstellen konnten die Pferdeschlitten aneinander vorbeikommen.

So ein Pferdeschlitten war nicht nur ein Sonntagsausflugsgefährt, an dem die Glöckchen bimmelten und an dem vielleicht auch manchmal ein ganzer Schwanz von Kinderschlitten hing. Jeder Bauer besaß mindestens *einen* solchen Schlitten, denn mit Holzrädern kam man im böhmischen Winter keinen einzigen Meter voran. Pferdeschlitten waren Lebensretter, wenn mitten im ärgsten Winter ein Schwerkranker ins nächste Krankenhaus gebracht werden musste.

In jedem Frühjahr, meist erst Ende April, entblößte der tauende Schnee tiefe Schlaglöcher und geborstene Buckel in der Straßendecke. »Der Frost hat gearbeitet«, sagten die Erwachsenen dann. Fuhren voll Schotter wurden herangekarrt und am Straßenrand ausgekippt. Die Straßenräumer hatten Zwölfstunden-Arbeitstage. Kaum war die Straße wieder einigermaßen planiert, kam die Staubzeit: der Sommer. Und nach dem Staub kam das Laub. Kein Kehrwagen kehrte es weg. Was der Herbststurm nicht fortwirbelte, verfaulte auf der Straße, bis die ersten Schneeflocken den Moder zudeckten.

Nach beiden Dörfern hin war die Straße abschüssig. Wir Kinder mussten mit dem Handwagen einkaufen gehen, wenn es so viel einzukaufen gab, dass Rucksäcke nicht reichten. Dafür setzten wir uns zunächst einmal in unseren Handwagen hinein, nahmen die Deichsel zwischen die Füße und brausten den Hang hinunter. Wenn überhaupt, begegneten uns bei diesem Vergnügen nur Fußgänger oder Pferdewagen. Ich kann mich nicht erinnern, dass unsere Mutter es jemals für nötig erachtet hätte, uns vor dem Verkehr zu warnen.

Für uns aus dem einsamen Haus wäre die Straße als Verbindung zu den Orten gar nicht nötig gewesen. Auf den Feldwegen kamen wir viel schneller in die nächsten Dörfer, gleichgültig, ob zu Fuß oder per Fahrrad. Trotzdem hatte die Straße für uns eine sehr wichtige Funktion, war uns fast unentbehrlich – nämlich als Mistbeschaffer.

Wir besaßen acht Morgen Land. Ein großer Teil unserer Felder war mit Erdbeerstauden bepflanzt. Der Verkauf der Früchte war unsere größte, ach so bescheidene Einnahmequelle. Erdbeeren wollen gedüngt sein, für Pferdemist sind sie dankbar. Und Pferdemist gab's auf der Straße im Überfluss! Wir

Kinder wurden also während des Sommerhalbjahres mit dem Handwagen, auf dem Eimer standen, zur Straße hinübergeschickt, um Pferdemist zu sammeln. Kehrichtschaufel und Handbesen waren unsere Werkzeuge.

Mistsammeln war uns keineswegs verhasst. Diese Tätigkeit bot uns ja die Gelegenheit, Bekannten aus dem Dorf wie auch Fremden, zum Beispiel Landstreichern oder slowakischen Bauchladenverkäufern, zu begegnen und vielleicht auch mal ein Auto zu Gesicht zu bekommen.

Pferdemist riecht – im Gegensatz zu Schweine- oder Hühnermist – nicht aggressiv, sondern fast ein bisschen süßlich. Bis auf den heutigen Tag liebe ich diesen Geruch. Spatzenschwärme schwirrten auf, wenn wir ihnen die Pferdeäpfel raubten. Und die Kuhfladen, von selteneren Ochsengespannen dazwischengestreut, nahmen wir auch mit, sofern sie schon ein bisschen getrocknet waren.

Eigentlich hätten wir von der Straßenverwaltung für unsere Tätigkeit bezahlt werden müssen, denn wir waren ja fleißige Straßenreiniger. Stattdessen bekamen wir von unseren Eltern zehn tschechische Heller pro Eimer. Für die Sparbüchse. Mit diesem »Lohn« fühlten wir uns wie Könige.

Fast kann ich's nicht glauben, dass ich noch solche idyllischen Straßen erlebt habe. Hätte mir damals jemand prophezeit, dass ich nicht viel mehr als dreißig Jahre später im eigenen Auto über pferdemistfreie Straßen brausen und oft in einem Stau stecken bleiben würde, hätte ich gelacht und gesagt: »Du spinnst!« Wie schnell ändert sich die Welt!

Das Ringelspiel ist da!

In jedem Jahr kam einmal das Ringelspiel in unser Dorf. Nicht irgendwann, sondern am Tag der »Kaiserkirmes«. Das war ein Fest zu Ehren des Kaisers. Und zwar nicht des deutschen Kaisers Wilhelm »Zwo«, wie der Vater immer sagte, sondern des österreichischen Kaisers Franz Joseph. Der war zwar schon viele Jahre tot. Und die Tschechoslowakei gehörte seit dem Ende des Ersten Weltkriegs nicht mehr zu Österreich, sondern war ein eigener Staat. Und Österreich war seitdem kein Kaiserreich mehr, sondern eine Demokratie. Aber man hatte sich an diesen schönen Feiertag, der immer an einem Sonntag lag, so gewöhnt, dass man nicht auf ihn verzichten wollte. Und so feierte man ihn einfach weiter, als ob alles noch so sei wie früher.

Ich weiß nicht, ob Kaiser Franz Josephs Geburtstag in der Woche davor oder danach lag, oder ob an diesem Sonntag einfach nur dankbar an ihn gedacht werden sollte. Aber zumindest wir Kinder dachten an der Kaiserkirmes nicht an den Kaiser, sondern an das Ringelspiel. Hätte Wichstadtl in Deutschland gelegen, hätten wir das, was zur Kaiserkirmes immer in unser Dorf kam, nicht Ringelspiel, sondern Karussell genannt.

Die Kaiserkirmes begann schon am Samstagmittag mit dem Einzug des Ringelspiels. Es wurde auf einer Art Pritschenwagen von zwei Pferden in den Ort gezogen, vor ein Gasthaus mit einem großen Hof. Dort konnten die schwitzenden Pferde Hafer fressen und sich ausruhen. Genau dort warteten auch schon Jungen aus dem sechsten bis achten Schuljahr unserer Schule und begrüßten das Gefährt mit lautem Jubel. Auch wir Jüngeren bestaunten das Ringelspiel: Es hatte sich doch nicht etwa seit der letzten Kaiserkirmes verändert? Nein, da waren noch immer die geschnitzten und bunt bemalten galoppierenden Zebras, die hüpfenden

Löwen, die stampfenden Elefanten, die Schwäne mit den offenen Pferdewagen für die Kleinen. Mit Ketten waren sie so festgezurrt, dass sie sich während des Transports nicht bewegen konnten. Da hatten wir genügend Zeit, die holzgeschnitzten Figuren zu bestaunen und zu streicheln.

Während die Ringelspielbetreiber – es waren meistens nicht mehr als zwei oder drei Leute – im Gasthaus üppig bewirtet wurden, versammelten sich draußen, rund um das Ringelspiel, immer mehr Jungen und zeigten sich gegenseitig ihre Muskeln.

Kaum hatten die Ringelspielleute fertig gegessen, lösten sie einen Teil der Ketten und auch die schmalen Seitenteile des Pritschenwagens. Dann hoben sie das Ringelspiel gemeinsam mit den Jungen unter lauten Hau-Ruck-Rufen vom Holzboden und stellten es vorsichtig auf das Pflaster. Nun lösten sie den Rest der Ketten, damit sich das Ringelspiel drehen konnte.

Drehen? Aber wie? Heute werden die Ringelspiele, die Karussells, mit elektrischem Strom betrieben. Aber damals gab es noch Ringelspiele, die sich nur mit Manneskraft drehten. Das heißt, sie mussten angeschoben werden.

Und schon umdrängten die Jungen mit »Ich! – Ich!«-Geschrei die Ringelspielleute. Die ließen sich nun die Muskeln zeigen. Die Namen der stärksten Jungen schrieben sie auf. Für je einmal Schieben von Glockenzeichen zu Glockenzeichen gab es einen Strich, für fünf Striche durfte man selber einmal mitfahren. Die meisten Jungen ritten lieber. Am liebsten auf den Elefanten.

Aber Jungen, die die Schule schon verlassen hatten und nun als Bauernknechte oder Lehrlinge arbeiteten, bemühten sich nicht mehr darum, einen Anschiebeplatz zu erobern. Sie standen nur herum und guckten zu – wenn sie überhaupt schon so früh frei hatten. Sie fühlten sich erhaben über solchen »Kinderkram«.

Ich aber stand da, noch mit dem Schulranzen auf dem Rücken, und gaffte den Schwan an. Er zog einen Wagen. Der hatte es mir angetan. Für mein Leben gern wäre ich ein paar Runden gefahren!

Manchmal blieb der Schwan leer. Aber ich konnte ihn nicht bezahlen. Fürs Ringelspielfahren hatten meine Eltern kein Geld übrig.

Sehnsüchtig schaute ich nach meiner Großmutter aus. Aber jetzt war sie bestimmt in der Küche und kochte. Und wirklich, sie kam nicht, so viel ich auch Ausschau nach ihr hielt. Traurig ging ich heim. Beim Mittagessen erzählte ich von dem Schwan und seinem Wagen.

»Du weißt ja, dass wir für so was kein Geld übrig haben«, sagte der Vater.

»Aber wenn dir das Ringelspiel so wichtig ist, kannst du ja heute Nachmittag noch mal ins Dorf gehen«, sagte die Mutter. »Zum Zugucken.«

Kaum hatte ich den Teller ausgekratzt, sprang ich auf und rannte wieder fort. Meine nächstjüngere Schwester kreischte mir nach: »Ich will auch mit!« Aber ich tat, als hätte ich sie nicht mehr gehört. Mit der Schwester an der Hand wäre ich längst nicht so frei gewesen, hätte ich noch viel weniger Chancen gehabt, ein paar Runden auf dem Ringelspiel drehen zu können!

Ich rannte auf das Ringelspiel zu. Und da stand sie, die liebe, die gute Großmutter, und schaute nach mir aus.

Ich lief ihr entgegen.

»Es ist ja schon da!«, sagte sie mit dem Blick auf das Ringelspiel.

Ich hörte gar nicht auf das, was sie sagte. Ich flüsterte nur: »Schau mal, der Schwan, der den Wagen zieht ...«

»In dem möchtest du gern mal sitzen, nicht wahr?«, sagte sie und zog ihr Geldtäschchen aus der Handtasche.

Ich hielt die offene Handfläche hin.

»Das ist doch viel zu viel!«, murmelte ich erschrocken.

»Du kannst ja zweimal fahren«, sagte sie lächelnd, »wenn dir vom ersten Mal nicht schon schlecht ist ...«

So fuhr ich an diesem Tag zweimal im Schwanenwagen. Das heißt, ich blieb beim zweiten und dritten Glockenzeichen einfach sitzen, obwohl ich mich, ehrlich gesagt, übergeben musste, und stieg erst beim vierten Glockenzeichen aus – ich, das glücklichste Kind der Welt mit der besten Großmutter der Welt – nein, des ganzen Universums!

Großvaters Weihnachtskrippe

Jedes Jahr im Dezember, ich glaube, zum ersten Advent, ließ mir mein Großvater die Nachricht zukommen: »Morgen ist es so weit. Morgen wird die Geburt aufgestellt.« Dieser Botschaft fieberte ich während meiner Kinderjahre sehnsüchtig entgegen. Auch mein Vater hatte sie in seiner Kindheit herbeigesehnt. Das Aufstellen der »Geburt«, der Weihnachtskrippe, war für mich ein fast noch wichtigeres Ereignis als der Heilige Abend selber! Auf meinen Skiern sauste ich ins Dorf und bis zum Haus der Großeltern, wo ich die Skier abschnallte, an die Hauswand lehnte und mir kaum Zeit nahm, den Schnee vom Mantel zu klopfen.

»Geh nur hinein«, sagte die Großmutter in der Küche und zeigte auf die Zimmertür. »Der Großvater ist schon an der Arbeit.«

Wann immer ich zum Aufstellen der »Geburt« kam, hing das dunkelgrüne, treppenartig geformte Bord, das sich vier Meter lang an der Wand entlangzog, schon über Großvaters und Großmutters Betten und neben dem Tisch türmten sich Kisten und Schachteln. Die wurden erst geöffnet, wenn ich da war. Sobald der Großvater den ersten Deckel abgehoben hatte, durfte ich mit dem Auspacken beginnen.

Das war eine feierliche Handlung, die große Behutsamkeit verlangte, und jedes Jahr faszinierte mich aufs Neue, was aus einer Fülle zerknüllten Zeitungspapiers, aus Wolken von Holzwolle und Werg zum Vorschein kam: ganze Herden von Schafen, Lämmern und Widdern, dazu kniendes, wanderndes, schlafendes Hirtenvolk, dicke Wirtsleute, Kriegsknechte mit grimmigen Gesichtern, Engel, Priester und vornehme Bürger. Sogar ein Nachtwächter fehlte nicht. Er trug eine mächtige Hellebarde. In einer besonderen Schachtel ruhte der alte Stall samt Ochs und Esel, der Futterkrippe und der Heiligen Familie.

Alle diese Figuren waren handgeschnitzt und handbemalt und die meisten waren beim Nachbarn Seifert entstanden. Der war ein Meister im Schnitzen von Krippenfiguren gewesen. Da glich kein Hirte dem anderen. Sogar die Schafe unterschieden sich voneinander. Jede einzelne Figur war ein Kunstwerk für sich. Jahr für Jahr hatte der Großvater immer wieder ein paar Teile dazugekauft und damit die Szenerie vergrößert, und er selbst und seine Söhne hatten die ganze Stadt Bethlehem aus eigener Werkstatt beigesteuert. Nicht nur einfache Hütten tauchten aus Kisten und Schachteln auf, sondern auch kunstvolle orientalische Paläste, deren Fassaden aus Laubsäge-Filigran mit eingesetzten Spiegelscherben bestanden. Und schließlich gab es noch einen ganzen Karton voller Bäume, Zäune, Tore und Felsen auszupacken. Die Platte des großen Tisches war fast zu klein für die vielen Figuren.

Hatten wir alle Einzelteile der »Geburt« in sauber geordneten Gruppen stehen, wurde jede Figur abgestaubt. Das war eine schwierige Arbeit für meine noch ungeschickten Kinderhände, denn es konnte leicht ein ausgestreckter Arm, ein Flügel, ein dünnes Schafbeinchen abbrechen. Während ich in äußerster Konzentration meine Zungenspitze spielen ließ und eine Figur nach der anderen hochhob, mit einer Hühnerfeder säuberte und dann wieder abstellte, wurde der Großvater in meiner Fantasie zu Gottvater persönlich, der nun Leben in die leere judäische Hügellandschaft über seinem Bett brachte: Haus für Haus stellte er auf, reihte ganze Straßenzüge aneinander, ließ die Stadt Bethlehem samt ihren Schattenseiten, den Wirtshäusern, entstehen.

Außerhalb der Stadt, schon über Großmutters Bett, legte er Zypressenhaine an, zwischen denen Hirten ihre Herden hüteten. Mitten in das Gebiet Bethlehems stellte er den alten Stall, stattete ihn mit Heu und Stroh, Ochs und Esel aus, schob Maria und Josef hinein und ließ die beiden, die sich bereits zärtlich verbeugten, nicht lange auf ihr liebes Jesuskind warten, das er mit seinen großen, schon ein wenig steifen Fingern in die Futterkrippe bettete.

Und schon näherten sich der Stätte des Wunders die Hirten mit ihren Geschenken, vom Verkündigungsengel aufgescheucht, der an einem Faden von der Decke herabhing und die Tendenz zeigte, sich je nach Luftzug um sich selbst zu drehen.

Meine Staubwischerei war längst getan. Ich reichte dem Großvater, der auf einem Stuhl stand, Figur um Figur zu. Die Tradition erlaubte keine Variationen. Jede Figur hatte ihren ganz bestimmten Platz in der Gesamtkomposition – ebenso wie in der biblischen Weihnachtsgeschichte jeder Akteur seine Aufgabe zu erfüllen, seiner Bestimmung zu folgen hat. Der Großvater sorgte mit großer Ruhe dafür, dass alles dorthin kam, wo es hingehörte. Und ich war seine Assistentin.

Allerdings soll ich einmal unerhörte Unordnung in diese heilige Ordnung gebracht haben. Ich selbst kann mich nicht mehr daran erinnern, aber meine Mutter wusste heiter davon zu berichten: Offenbar fand ich die Art, wie sich der Verkündigungsengel den Hirten bemerkbar machte, nicht wunderbar, nicht effektvoll genug. Er schwebte ja nur mit ausgebreiteten Armen still über ihnen. Jedenfalls nahm ich den günstigen Augenblick wahr, als der Großvater, nachdem alle Figuren ausgepackt auf dem Tisch standen, die Arbeit für ein paar Minuten unterbrach, um sich auf ein stilles Örtchen zu begeben. Hastig griff ich nach dem Verkündigungsengel, stieg auf einen Stuhl und ließ ihn an dem Faden, der zwischen seinen Flügeln befestigt war, über der Hirtenversammlung kreisen. Es muss ein herrliches Spiel gewesen sein, genug Anlass für meine Fantasie, sich zu entfalten. Reckten die Hirten nicht die Köpfe? Erstarrten sie nicht vor Staunen? Denn der Engel *erschien* ihnen nicht nur, sondern bot Sensationelles: Knapp über ihren Köpfen raste er im Kreis herum! Wer sich nicht einmal von *diesem* himmlischen Kunststück beeindrucken ließ, dem war nicht zu helfen.

Aber der Verkündigungsengel hatte sich wohl etwas übernommen. Als nämlich der Großvater zurückkehrte und die Zimmertür öffnete, erschrak ich so sehr, dass ich den Faden losließ. In hohem

Bogen flog er davon – der Engel, nicht der Großvater – und ließ die Hirten auf dem Tisch in maßloser Verblüffung zurück. Er prallte gegen Großmutters Nähmaschine, wobei ein Flügel abbrach.

Wie ich den Großvater in Erinnerung habe, wird er mir verziehen und dem Engel den Flügel wieder angeklebt haben. Diesen himmlischen Boten, das weiß ich sicher, hat er dann von seinen Eskapaden zurückkehren lassen und ihn veranlasst, am Faden still über Bethlehems Gefilden hängend, dem Hirtenvolk auf altgewohnte Weise Gottes Botschaft zu verkünden.

Bis auf die Heiligen Drei Könige, die noch bis zum Dreikönigstag in der Schachtel auf ihren Auftritt warten mussten, war die »Geburt« jetzt aufgestellt. Vorläufig blieb nichts mehr zu tun übrig, als die leeren Kisten auf den Dachboden zu schaffen. Erst zu Maria Lichtmess sollte uns wieder Arbeit erwarten, die gleiche wie am ersten Advent, nur in umgekehrter Reihenfolge: die Figuren in wehmütiger Stimmung vom Bord zu nehmen, abzustauben, in Papier, Holzwolle oder Werg zu wickeln, in den Kisten und Schachteln zu verstauen und zusammen mit dem grünen Wandbord für ein knappes Jahr auf dem Dachboden unterzubringen.

Zufrieden ließen wir uns danach, der Großvater und ich, mit frisch gewaschenen Händen am Küchentisch nieder, wo uns Großmutters Kaffee und Streuselkuchen erwartete.

Am Heiligen Abend erstrahlte die »Geburt« im Licht. Ich weiß nicht mehr, ob es elektrisches oder Kerzenlicht war. Ich empfand es als Licht, das vom Himmel kam.

So feierten wir Weihnachten

Von Anfang Dezember bis Mitte März bedeckte Schnee unsere liebe Rosinkawiese und oft stürmte es so, dass sich weiße Wehen über die Fenster unseres kleinen Holzhauses legten. Dann blieb es finster in der Wohnküche, bis der Vater den Schnee wegschaufelte. Die Schule konnten wir nun wieder nur auf Schneeschuhen erreichen.

Wir waren arm und so ein kalter Winter kam teuer: Wir brauchten ja hohe Schuhe, warme Kleidung, Schneeschuhe und Schlitten, Holz und Kohle. Und die Natur gab nichts Essbares her. Aber man wusste ja, dass der nächste Winter bestimmt kommen würde, und sorgte vor. Und so kamen wir jedes Jahr doch immer wieder knapp »über die Runden« und atmeten auf, wenn die kalte Zeit vorüber war.

Der Winter wäre eine furchtbar triste Zeit gewesen – wenn das Weihnachtsfest nicht gewesen wäre. Das leuchtete und wärmte. Weihnachten: ein Fest, das es sozusagen aus voller Brust zu feiern galt, ohne dass es viel kosten durfte. Dieses Kunststück gelang meinen Eltern bravourös. Wir Pausewang-Kinder – damals waren wir erst zu dritt – vermissten nichts und hielten unseren Heiligabend für unübertrefflich, zumal wir ihn doppelt feierten.

Unser Heiligabend sah so aus: Zu Mittag gab es nur Wassersuppe. Das war ein uraltes Fastengericht armer Leute in unserer Gegend. Wasser mit ein paar Fettaugen, einer reichlichen Portion fein gehackter Knoblauchzehen und einigen Brotwürfeln. Mit der Gabel quetschte man Pellkartoffeln hinein. Diese Suppe machte nicht satt, aber das sollte sie ja auch gar nicht.

Danach mussten wir eine Stunde ins Bett – was wir an keinem anderen Tag des Jahres mussten. Aber es sollte ja ein besonders langer Tag werden. Da ließ sich die Maßnahme einsehen. Außerdem brauchten unsere Eltern die Stunde unserer Abwesenheit, um unsere Wohnküche für die Bescherung herzurichten. Natürlich schliefen wir nicht. Dazu waren wir viel zu aufgeregt.

Nach einer Stunde erschien die Mutter und legte jedem von uns ein Häufchen frischer Wäsche und ein Sonntagskleid hin. Drei Mädchen waren wir ja. Die Jungen waren noch nicht geboren. Das Kleid, das ich an diesem Abend tragen sollte, hatte ich von meiner drei Jahre älteren Cousine geerbt. Meine beiden Schwestern trugen Kleider, die mir zu klein geworden waren. Trotzdem kamen wir uns wunderschön und wie neu vor. Inzwischen war es etwa drei Uhr geworden. Wir machten uns auf den Weg ins Dorf, zu den Großeltern. Die beiden Jüngsten zog der Vater auf dem Schlitten.

Die Großeltern erwarteten uns schon, denn wir feierten mit ihnen zusammen. Unseretwegen begann die Bescherung, sobald sich der erste Stern am Winterhimmel sehen oder – bei trübem Wetter – erahnen ließ. Aber vorher gab es noch ein großartiges Essen: Malzkaffee mit ein paar echten

Kaffeebohnen darin, dazu Apfelstrudel. Echter böhmischer Apfelstrudel – das beste aller uns bekannten Gerichte. Während der Großvater, ein hagerer Mann mit einem langen weißen Bart, geheimnisvoll im Bescherungszimmer neben der Küche raschelte, drückten wir Kinder unsere Nasen ans Fenster. Sahen wir einen Stern blinken, riefen wir den Großvater herbei. Kurz darauf bimmelte das Glöckchen und die Tür zum Schlafzimmer der Großeltern öffnete sich. Eine bunt geschmückte Tanne strahlte auf dem großen Tisch, auf dem allerlei Päckchen auf uns warteten. Meistens verschenkte der Großvater ein Erzeugnis seiner Holzwerkstatt. Einmal war's ein bunter Papagei, der dank seines bleibeschwerten Schwanzes unaufhörlich wippte. Ein anderes Mal ein Stühlchen mit Vornamen, eingeschnitten in die Rückenlehne. Und einmal sogar ein Schaukelpferd, das uns drei Schwestern zusammen gehören sollte. Ein richtiges großes Schaukelpferd mit kunstvoll geschnitzter Mähne.

Es wurde gestaunt, bewundert, gedankt. Im

Kreis um den Baum sangen wir »Stille Nacht, heilige Nacht« und »Ihr Kinderlein kommet«. Nur die Großmutter sang nicht mit, weil sie unmusikalisch war. Unsere Mutter sang die zweite Stimme.

Dann machten wir uns wieder auf den Weg, diesmal in umgekehrter Richtung. Wenn wir Pech hatten, stürmte und schneite es fürchterlich. Das Wetter nahm keine Rücksicht auf den Heiligen Abend. Und so kamen wir meistens halb erfroren und schneebestäubt daheim an und mussten erst einmal langsam auftauen, bis wir bereit waren für die nächste, die eigentliche Bescherung. Denn so schön es bei den Großeltern auch zu sein pflegte: Es war nicht unsere Bescherung!

Während die Eltern in der Wohnküche Kerzen anzündeten, warteten wir Kinder im Flur und schnupperten: Duftete es schon nach Weihnachten, nach Plätzchen, Fichtennadeln und Wachs? Das Glöckchen bimmelte, die Tür ging auf. Da stand sie, die große Fichte, die der Vater aus dem Wald geholt hatte, und strahlte ganz in Weiß. Sie war nur mit weißen Kerzen und Silberlametta geschmückt. Das Lametta hatte schon viele Jahre zuvor als Baumschmuck gedient und auch nach diesem Fest würde es wieder behutsam abgenommen und für das nächste aufgehoben werden. Aber warum sollte uns das stören?

Wir durften noch nicht auf unsere Geschenke zustürmen. Erst wurde gesungen. Diesmal waren es nicht Lieder, die jeder am Weihnachtsabend sang, sondern Anspruchsvolleres: »In dulci jubilo« und »Es ist ein Ros' entsprungen« und »Der Heiland ist geboren«. Die Mutter begleitete unsere Lieder auf der Laute, die sie noch aus ihrer Jungmädchenzeit hatte.

Aber unsere Geduld wurde nicht zu sehr beansprucht. Während der Vater die Kerzen im Auge und den nächtlichen Sturm im Ohr behielt, zeigte uns die Mutter unsere Geschenke. Sie lagen auf dem Tisch, voneinander abgeteilt durch Reihen kleiner Tannenzweige. Allerdings gab es jetzt für uns Kinder noch einen kleinen Aufschub: Jedes lief schnell hinaus, holte die Geschenke für Vater,

Mutter und Geschwister und teilte sie aus. Ich erinnere mich an mühsam gestrickte Pulswärmer für den Vater, einen Topflappen für die Mutter, Tintenwischer (aus Stoffresten zusammengenähte kleine Tücher, mit denen wir unsere Federhalter nach Gebrauch abwischten) und selbst gezeichnete Malbücher für die Schwestern. Wir ernteten Freude und Dank und freuten uns.

Und was erwartete uns auf unseren Geschenkplätzen? Die alte Puppe hatte einen neuen Kopf bekommen. Auch das Kleid, das sie trug, war neu. Da war auch ein Bogen mit »Modepuppen«, die man ausschneiden und denen man verschiedene, ebenfalls ausgeschnittene Kleider anziehen konnte, und da stand eine Puppenstube, die der Vater gebastelt hatte. Nur die beiden Püppchen hatte die Mutter kaufen müssen. Aber die waren so klein, dass sie fast nichts gekostet hatten.

Auf den Plätzen meiner Schwestern standen eine Puppenwiege, vom Vater selbst geschreinert, von der Mutter mit Matratze und Kisschen ausgestattet, und ein ganzes buntes Dorf aus Holzabfällen:

Kirche, Schule, Häuser, dazu Bäume und Zäune, Menschen und Tiere, alles bemalt.

Nie fehlten selbst angefertigte Pantoffeln und handgestrickte Mützen, Handschuhe und Socken, meistens aus aufgeribbelter Wolle. Sogar Hampelmänner und Schmusetiere konnte die Mutter nähen – Geschenke für die Jüngsten. Fast immer fand sich auch ein Buch für mich. Kein neues, sondern eines aus der Kindheit meiner Mutter oder ihrer Schwester, der Tante Hilde. Ein Teller Gebäck stand auf jedem Platz: Hafermakronen, Mürbeteiggebäck, Pfefferkuchen. Darin steckten die meisten Kosten des Weihnachtsfestes! Wir aßen mit Überlegung, denn hielten wir uns heute zurück, hatten wir morgen und übermorgen noch was zu naschen!

Dann kam der letzte Höhepunkt des Festes: das Auspacken der Pakete. Das eine kam von einer Tante und enthielt zu klein gewordene Kleidung und Schuhe ihrer Kinder – Sachen, auf die wir dringend angewiesen waren. Das zweite kam von der anderen Großmutter, der in Saarbrücken, und barg Kostbarkeiten, die uns in Entzücken versetzten. Lauter neue Sachen: ein leuchtend bunter Gummiball für jeden, eine Mundharmonika, eine Mickymaus zum Aufziehen, ein Springseil. Oder eine Sparbüchse. Oder ein Buch, das noch ganz neu duftete. Und immer einige Bögen der geliebten Modepuppen.

Damit war die Bescherung zu Ende. Wir setzten uns vor den Baum und sangen noch einmal – schöne alte Weihnachtslieder. Auch Kanons und einheimische Lieder im Dialekt der Adlergebirgler.

Meistens nickten die jüngeren Schwestern während der Lieder langsam ein. Der Tag war ja so lang und so aufregend gewesen!

Aber noch stand eine wichtige Sache aus: Der Vater ging in die Speisekammer, holte einen Brotlaib heraus, schnitt drei Scheiben ab, nahm drei Äpfel und ging mit uns in den Stall hinaus, in dem jetzt eine wohlige Wärme herrschte. Die drei Ziegen meckerten verwundert. Der Vater reichte jedem eine Scheibe Brot und einen Apfel, und jeder von uns fütterte eine Ziege. Auch sie sollten merken, dass Weihnachten ist!

Während draußen der Sturm heulte, verkrochen wir uns in die Betten, im eiskalten Zimmer – und waren die glücklichsten Kinder der Welt!

Gott an der Zimmerdecke

Als wir Kinder waren, schliefen wir drei Ältesten gemeinsam in einem Zimmer. Ich in dem einen der beiden Betten, die mit der Fußseite zum Fenster und mit der Kopfseite zur Wand standen. Im anderen schlief meine nächstjüngere Schwester. Und längs an der Wand, zwischen zwei Schränken, stand das Kinderbett meiner zweiten Schwester. Diese beiden kleinen Mädchen waren nur eineinhalb Jahre auseinander. Oft kletterte die Jüngere aus ihrem Bett und kroch dann zu der Älteren unter die Decke. Die beiden verstanden sich gut.

Ich aber war viereinhalb Jahre älter als meine nächstjüngere Schwester. Ich ging schon in die fünfte Klasse, als sie in die Schule kam. Sie verstand vieles noch nicht, was ich ihr vorlas. Als sie endlich lesen konnte, fand ich, dass sie zu langsam las. Und vieles von dem, was sie spannend fand, langweilte mich.

Viereinhalb Jahre – eine Ewigkeit! Warum hatte sich in dieser langen Zeit kein Geschwisterchen angemeldet? Irgendwie hatte ich mitbekommen, dass meine Eltern, die sich viele Kinder wünschten, schon befürchtet hatten, dass ich ihr einziges Kind bleiben würde. Inzwischen waren außer den beiden Schwestern, die im selben Zimmer wie ich schliefen, noch ein Bruder und eine Schwester dazugekommen. Die schliefen nachts aber im Elternschlafzimmer, nahe bei der Mutter.

Kurz und gut: Zu mir kroch niemand ins Bett.

Aber das beunruhigte mich nicht weiter, denn ich hatte ja jemanden, den die beiden anderen *nicht* hatten: jemand viel Größeren, Mächtigeren über mir, der sich in den kaum sichtbaren Haarrissen an der Decke verbarg!

In den Sommermonaten, wenn es lange hell war, konnte ich manchmal noch nicht gleich einschlafen. Dann starrte ich an die Decke. Die war aus

Balken gebaut. Die Balken wiederum waren mit einer Schicht Mörtel bedeckt. Als das Haus gebaut worden war, war ich viereinhalb Jahre alt gewesen und hatte dem Vater zugeschaut, als er den in der Sonne getrockneten Mörtel mit Kalk bestrichen hatte. Damals war das Kinderzimmer schneeweiß geworden.

Seitdem aber waren sieben Jahre vergangen. Die Wände des Kinderzimmers waren nicht mehr so strahlend weiß wie damals. Auch die Decke hatte gelitten: Feine Sprünge und Risse durchzogen die Kalkschicht. Die hatte ich immer wieder betrachtet: War da nicht eine Zeichnung entstanden, die etwas darstellte?

Jeden Abend, wenn ich nicht zu müde war, suchte ich etwas in dem Strichgewimmel an der Decke zu erkennen. Als Kind hatte ich scharfe Augen. Mir entging nichts.

Und plötzlich, sozusagen im Bruchteil einer Sekunde, erkannte ich ein Gesicht. Was mich da ruhig anschaute, war kein Kind. Es sah auch nicht wie Vater oder Mutter aus, sondern älter, viel älter, voller Runzeln. Eher wie der Großvater. Allein, dass er einen langen Bart wie der Großvater hatte, machte ihn sympathisch!

Dieser Wer-er-auch-war schien gut zu sein. Und verständnisvoll. Und weise. Er lachte nicht über mich und schimpfte mich nicht aus. Vor allem schien er zuhören zu können.

Wie gern hätte ich dieses Gesicht jemandem gezeigt. Aber die beiden Schwestern schliefen schon. Und Vater und Mutter flüsterten noch nicht nebenan im Elternschlafzimmer, sondern waren noch unten in der Wohnküche, wo sie einander fast jeden Abend vorlasen. Dabei hätten sie sich nur ungern stören lassen. Nur wenn die jüngsten meiner Geschwister weinten, kam die Mutter herauf.

Den ganzen nächsten Tag musste ich an dieses merkwürdige Gesicht an der Decke denken. Und je später es wurde, umso froher war ich, dass ich es niemandem gezeigt hatte. Ja, das war richtig so: Niemand sollte davon erfahren. Es sollte mein Geheimnis bleiben.

Einige Zeit später gewitterte es nachts. Es blitzte und donnerte fürchterlich. Ich wachte auf und hatte große Angst. Meine Schwestern klammerten sich schreiend aneinander, wenn es so krachte. Der Vater kam herüber und versuchte uns zu beruhigen: »Es ist doch nur ein Gewitter!«

Aber ich wusste genau: Das Gewitter war stärker als der Vater. Und als die Mutter mit der Jüngsten auf dem Arm herüberkam und sagte: »Ich glaube, wir ziehen uns lieber an, damit wir nicht in den Nachthemden hinauslaufen müssen, wenn der Blitz einschlägt«, da war es ganz aus. Alle Geschwister schrien. Nur das Gesicht an der Decke strahlte heitere Ruhe aus. Aber das sah ja nur ich.

Mir fiel ein, was der Herr Oberlehrer gesagt hatte, als es einmal während des Unterrichts so geblitzt und gedonnert hatte: »Der liebe Gott wird schon dafür sorgen, dass uns nichts passiert ...«

Plötzlich wusste ich: Der da an der Decke, der mich immer so gelassen ansah, das war der liebe Gott! Wenn er dieses Gesicht machte, hatten wir nichts zu befürchten. Und wirklich, der Donner verhallte, die Blitze zuckten immer ferner, bald nur noch hinter den Bergen. Erleichtert krochen meine Schwestern wieder in ihre Betten und schliefen weiter. Der Vater aber schaute an die Decke und brummte: »Schlimm, wie das ausschaut. Ich muss wieder mal weißen ...«

»Nein«, rief ich, »die Decke bleibt so, wie sie ist!«

»Ist ja gut, ist ja gut«, beruhigte er mich. »Jetzt schlaf erst mal. Morgen früh siehst du alles ganz anders.«

Ja, ich war wirklich sehr müde. Und der liebe Gott sah mich an, als ob er das Gleiche wie der Vater sagen wollte: »Jetzt schlaf erst mal.« Ich fühlte mich behütet von ihm und schlief so tief, dass ich am nächsten Morgen von der Mutter geweckt werden musste. Mit dem Marmeladenbrot in der Hand musste ich zur Schule laufen, wenn ich nicht zu spät kommen wollte.

Als ich mittags heimkam, weißte der Vater mit dem großen Pinsel und dem Eimer mit dem aufgelösten Kalk die Wohnküche.

Ich lief die Treppe hinauf und riss die Schlafzimmertür auf. Beide Schlafzimmer waren frisch geweißt und strahlten mir entgegen.

Mein lieber Gott war weg. Seitdem bin ich ihm nie wieder begegnet.

© by Landgraf

Gudrun Pausewang wurde 1928 als das älteste von sechs Kindern in Wichstadtl (Ostböhmen) geboren. Ihr Vater kam 1943 in Russland um und ihre Mutter musste nach Kriegsende allein mit den sechs Kindern in den Westen fliehen.

Gudrun Pausewang arbeitete als Lehrerin an verschiedenen Schulen in Deutschland und Mittel- und Südamerika. So lehrte sie in Chile, Venezuela und Kolumbien. 1972, zwei Jahre nach der Geburt ihres Sohnes, kehrte sie endgültig nach Deutschland zurück. Hier unterrichtete sie bis 1989 an einer hessischen Grundschule. Im Ruhestand beendete sie ihr Germanistikstudium und promovierte 1998 an der Goethe-Universität Frankfurt/Main.

Gudrun Pausewang ist seit 1958 schriftstellerisch tätig. Sie hat – neben Romanen für Erwachsene – zahlreiche Kinder- und Jugendbücher veröffentlicht, in denen sich ihre eigenen Erfahrungen und die Betroffenheit über die Armut in Südamerika, das Schicksal von Flüchtlingen und über die atomare Bedrohung niederschlagen. Sie engagiert sich in ihren Büchern für den Frieden, die Umwelt und soziale Gerechtigkeit. Ein wichtiges Thema ist auch die Auseinandersetzung mit dem Nationalsozialismus und dem Dritten Reich.

Für ihr literarisches Werk wurde sie mehrfach ausgezeichnet, unter anderem mit dem Deutschen Jugendliteraturpreis 1988 für »Die Wolke«. 1999 erhielt sie das Bundesverdienstkreuz und 2009 bekam sie den Großen Preis der Deutschen Akademie für Kinder- und Jugendliteratur Volkach für ihr Lebenswerk.

Ravensburger Bücher

Zwei Kinder auf der Flucht

Gudrun Pausewang

Auf einem langen Weg

Die Geschichte der abenteuerlichen Flucht zweier Kinder am Ende des Zweiten Weltkriegs.

ISBN 978-3-473-**52041**-1

www.ravensburger.de

Ravensburger Bücher

Das Schicksal der Schwabenkinder

Manfred Mai

Das verkaufte Glück

An einem Wintermorgen brechen der elfjährige Jakob und sein kleiner Bruder Kilian aus einem Tiroler Dorf auf, um den beschwerlichen Fußmarsch über die Berge anzutreten. Ihr Ziel: der „Kindermarkt" in Ravensburg. Wie viele Kinder aus der armen Alpenregion sollen auch sie sich bei einem Bauern im Schwabenland verdingen. Den Brüdern stehen entbehrungsreiche Monate voller Heimweh bevor. Eine Zeit, die ihre Spuren hinterlassen wird ...

ISBN 978-3-473-**52551**-5

www.ravensburger.de